Bettina Edler

Stark statt ausgebrannt

Bettina Edler

Stark statt ausgebrannt

Burn-out keine Chance geben

Trainerverlag

Imprint

Cover image: Dr. Bettina Edler

Publisher:
Der Trainerverlag
is a trademark of
International Book Market Service Ltd., member of OmniScriptum Publishing Group
17 Meldrum Street, Beau Bassin 71504, Mauritius

Printed at: see last page
ISBN: 978-620-2-49405-2

Stark statt ausgebrannt

Burn-out keine Chance geben

Dr. Bettina Edler

August 2018

Inhalt

1. Einleitung

Burn-out – eine typische Erscheinung in unserer schnelllebigen, leistungsorientierten Zeit oder doch nur ein „Modewort“? Wie ist es, wenn sich das Gefühl langsam einschleicht, nicht mehr mitzukommen, wenn die Energie- und Kraftreserven aufgebraucht und die eigenen Grenzen der Belastbarkeit längst überschritten sind? Wenn der Kopf noch immer will, aber nicht mehr kann, bis der Körper eindeutig zu verstehen gibt: Jetzt ist es genug, mach endlich eine Pause!

Wer die eigenen Grenzen der Belastbarkeit auf Dauer überschreitet, ohne Körper, Geist und Seele Erholung zu ermöglichen und sie regelmäßig mit der nötigen Energie zu versorgen, läuft Gefahr, in einen Zustand hineinzuschlittern, der schließlich in eine totale Erschöpfung münden kann: Burn-out!

Es muss aber nicht so weit kommen. Wer achtsam mit sich selbst umgeht und für einen Ausgleich von „Energieverbrauch“ und „Energiezufuhr“ sorgt, kann mit Stressphasen, die das Leben immer wieder einmal mit sich bringt, gut umgehen. Die richtige Balance ist wichtig. Was Sie selbst für Ihre Balance tun können, soll Gegenstand dieses Buches sein. Es soll dazu anregen, das eigene Verhalten zu reflektieren und die eine oder andere Methode auszuprobieren. Es wirft auch einen Blick auf das, was in unserem Gehirn vorgeht, wenn es auf „Stressmodus“ schaltet, wenn wir nicht mehr dazu in der Lage sind, klar zu denken und zu handeln. Dazu gibt es interessante Erkenntnisse aus der neurobiologischen Forschung. Wie wichtig eine ausgewogene Ernährung, genügend Bewegung sowie ausreichend Erholung und Entspannung für die Energieversorgung unseres physischen Körpers sind, kommt ebenfalls zur Sprache.

Sie haben sicher schon beobachtet, dass es Menschen gibt, die mit unglaublich viel Energie durchs Leben gehen, Verantwortung übernehmen und unzählige Aufgaben gleichzeitig zu meistern scheinen, sich nebenbei ehrenamtlich engagieren und scheinbar keinerlei Belastung empfinden. Warum brennen manche Menschen aus, andere hingegen wachsen mit der Vielzahl ihrer Aufgaben und leben geradezu auf, auch wenn noch so viel auf sie einströmen mag? Und wie kann jede und jeder Einzelne aktiv einer umfassenden und dauerhaften Erschöpfung gegensteuern?

Mit diesem Buch möchte ich einige Antworten auf diese Fragen liefern. Gut für uns zu sorgen liegt grundsätzlich in unserer eigenen Verantwortung. Mit einer bewussten Lebensführung können wir wesentlich dazu beitragen, gestärkt und widerstandsfähig durchs Leben zu gehen.

Es gibt viele Möglichkeiten, gut für die eigene körperliche, geistige und auch seelische Widerstands- und Leistungsfähigkeit zu sorgen. Mitunter sind ein Umdenken und eine damit verbundene Änderung des Lebensstils notwendig. Das Buch soll sowohl Hintergrundwissen als auch konkrete Anregungen dazu liefern.

Ich wünsche viel Freude beim Lesen und Ausprobieren, was Ihnen persönlich gut tut!

2. Stress

2.1. **Was ist Stress?**

Um das Phänomen Burn-out näher beleuchten zu können, ist es zuerst notwendig, den Begriff „Stress“ zu erklären. „Stress“ ist ursprünglich ein physikalischer Begriff und bedeutet Druck, Spannung oder Zug, die dann wirken, wenn beispielsweise ein Schmied ein Stück Metall bearbeitet und das Metall dabei seine Form verändert. Haben wir selbst ein außergewöhnlich hohes Arbeitspensum in sehr kurzer Zeit zu bewältigen, und es gibt gleichzeitig auch noch Konflikte am Arbeitsplatz, dann stehen wir unter Druck, nämlich starker psychischer und körperlicher Anspannung – wir würden sagen: „Wir fühlen uns gestresst“.

Stress ist für sich gesehen nichts Schlechtes, sondern unterstützt uns dabei, konkrete Herausforderungen, die das Leben an uns stellt, zu meistern. Diese konkreten Aufgaben bringen unseren Körper aus seinem Gleichgewichtszustand, er braucht mehr Energie, um die Herausforderungen meistern zu können. Sobald unser Gehirn Stress wahrnimmt, aktiviert es Hormone, die schließlich die Ausschüttung von Cortisol[1] (als typisches Stresshormon) in der Nebennierenrinde rasch ansteigen lassen. Gleichzeitig werden als weitere Botenstoffe Adrenalin und Noradrenalin im Nebennierenmark freigesetzt. Gemeinsam sorgen sie dafür, dass die Energieversorgung unseres Gehirns gesichert und Energiereserven mobilisiert werden. Sie bringen Atmung, Herz und Kreislauf so richtig in Schwung, sodass unser Gehirn gut mit Glukose und unser gesamter Organismus gut mit Sauerstoff versorgt sind, und steigern somit unsere Leistungsfähigkeit, um uns der Aufgabe stellen zu können. Außerdem

---

[1] Speckmann, Wittkowski (2015)

drosseln sie alle momentan unnötigen körperlichen Vorgänge wie Verdauung oder Fortpflanzung.

2.2. Das klassische Stresssystem

Bis vor wenigen Jahren unterschied die Lehrmeinung zwei verschiedene Arten von Stress, die heute als „klassisches Stresssystem“ [2] bezeichnet werden. Dieses klassische Stresssystem wird immer dann aktiv, wenn es eine konkrete Aufgabe zu erledigen gibt, die sowohl intellektueller als auch körperlicher Natur sein kann. Schätzen wir diese Aufgabe als für uns bewältigbar ein und stellt sie auch noch eine spannende Herausforderung dar, dann sprechen wir von Eustress, dem sogenannten „guten“ oder „positiven Stress“. Bei Eustress schüttet unser Körper nur eine begrenzte Dosis von Stressbotenstoffen aus, die der Gesundheit nicht schadet, unsere Leistungsfähigkeit allerdings günstig beeinflusst. Wenn die Aufgabe erledigt ist, stellt sich wieder ein Gleichgewicht ein und Cortisol sowie Adrenalin und Noradrenalin werden wieder abgebaut. Eine optimale, der Gesundheit förderliche Art von Stress besteht aus Sicht der Gehirnforschung daher darin, wenn wir uns auf eine ganz konkrete, klar definierte, verständliche und von uns als machbar und interessant eingestufte Aufgabe voll konzentrieren können. Der Glücksforscher Mihaly Csikszentmihalyi bezeichnet den als beglückend und befriedigend empfundenen Zustand des völligen und restlosen Aufgehens in einer Tätigkeit als „Flow“[3]. Damit dieses Gefühl des Im-Fluss-Seins auftreten kann, sind ein klares Ziel, eine klare Aufgabenstellung, das Gefühl der

---

[2] Bauer Joachim (2015)
[3] Csikszentmihalyi, Mihaly (2015)

Kontrolle und Beherrschbarkeit sowie eine erfolgreiche Rückmeldung notwendig.

Stellt eine Aufgabenstellung für uns allerdings eine zu große Herausforderung dar, die wir als schwer bis nicht zu schaffen einstufen, weil wir beispielsweise nicht über die entsprechenden Kompetenzen (Fähigkeiten, Wissen, Erfahrung, Berechtigung) oder Ressourcen (Zeit, Mittel, Unterstützung, etc.) verfügen, sprechen wir von Disstress, dem sogenannten „schlechten" oder „negativen Stress". Auch wenn wir zu viele Aufgaben mit hoher Verantwortung in zu kurzer Zeit auf einmal zu erfüllen haben, wobei wohl jede Aufgabe für sich alleine für uns machbar wäre, sprechen wir von Disstress oder Überforderung. Disstress bezeichnet man also als Zustand der negativen Überlastung.

Unser Körper kann wohl mit einem begrenzten Maß und kurzzeitigen Phasen der Überlastung umgehen, ohne groß Schaden zu nehmen. Bei langdauernder und übermäßiger Überforderung bleibt auch nach erfolgreicher Bewältigung der Aufgaben die Stressreaktion des Körpers erhalten. Stresshormone werden weiter ausgeschüttet und nur schlecht abgebaut und wirken sich längerfristig auf unsere körperliche wie psychische Gesundheit als auch geistige Leistungsfähigkeit aus.

Wie sensibel einzelne Menschen auf Stress reagieren, ist individuell höchst unterschiedlich und hängt von der persönlichen Vulnerabilität (Verwundbarkeit) und Resilienz (Widerstandsfähigkeit) ab. Dazu kommen wir später noch.

2.3. **Unruhe-Stresssystem**

Vor einigen Jahren entdeckten Wissenschaftler ein weiteres Stresssystem, das sogenannte „Unruhe-Stresssystem". Sie wollten herausfinden, was unser Gehirn macht, wenn es eigentlich nichts macht. Es ist immer dann aktiv, wenn eine breit gestreute, flache Aufmerksamkeit von uns gefordert ist, ohne dass wir eine konkrete Aufgabe zu bewältigen haben. Unser Gehirn achtet dabei auf mögliche Reize, die sowohl aus dem eigenen Inneren als auch von außen auf uns einwirken können. Für unsere frühen Vorfahren war vor allem die nach außen gerichtete Wachsamkeit notwendig, um zum Beispiel in der Savanne zu überleben, musste doch ständig damit gerechnet werden, dass irgendetwas Unerwartetes geschehen könnte, etwa der Angriff wilder Tiere oder von Mitgliedern verfeindeter Stämme. Sie waren also immer auf der Hut. Diese Aufmerksamkeitstechnik ist für Tiere in der freien Wildbahn noch immer überlebenswichtig.

Wie sieht das heute für uns Menschen aus? In der gegenwärtigen Arbeitswelt sind wir mit einem hohen Maß an Reizen und Informationen konfrontiert. Darum halten wir auch hier vermehrt wieder unsere Aufmerksamkeit flach und diffus gestreut und sind mehreren Geschehnissen gegenüber gleichzeitig wachsam. Im Arbeitsumfeld bedeutet dies in vielen Bereichen – ob im Büro, in der Produktion, im Gesundheitswesen u. a. – mehrere parallel verlaufende Aufgaben und Abläufe zu beobachten, zu überwachen und zu erledigen. Wir sind auch ständig wachsam gegenüber möglicher unvorhergesehener Herausforderungen, die sich uns bieten könnten, egal ob sie eintreten oder nicht. Im Büro bedeutet dies etwa: wir teilen unsere Aufmerksamkeit gleichzeitig auf E-Mails, das Telefon, Kollegen und Mitarbeiter, die Erstellung einer Präsentation oder des Monatsberichtes, Kalkulationen, Kundenanfragen, die Vorbereitung auf das nächste Meeting u.a. auf. Unsere Arbeitsprozesse werden dabei fragmentiert, also laufend unterbrochen und stückchenweise erledigt, wobei die Fehleranfälligkeit durchaus steigen kann. Häufig sprechen wir salopp von „Multitasking".

Unser Gehirn schaltet auf eine Art unspezifische Wachsamkeit, die Wissenschaftler als Reiz- und Gefahrensuchsystem („Default Mode System") bezeichnen und aktiviert unser Unruhe-Stresssystem[4]. Stress wiederum bedeutet Ausschüttung von Stresshormonen, die bei andauernder Wachsamkeit kontinuierlich geschieht. Der koreanisch-deutsche Wissenschaftler Byung-Chul Han[5] bezeichnet diese kontinuierliche Wachsamkeit als evolutionären Rückschritt in der Entwicklung, da uns heute im Alltag ja in der Regel kaum lebensbedrohliche Gefahr erwartet. (Was soll bei der Erstellung eines Monatsberichtes und dem Gespräch mit Kollegen schon lebensbedrohliches geschehen?). Selbstverständlich gibt es nach wie vor gefährliche Berufe, wo Wachsamkeit und die genaue Einhaltung von Sicherheitsvorschriften nötig sind, um Beeinträchtigungen an Leib und Leben abzuwenden.

In unserer Freizeit passiert häufig dasselbe. Anstatt die Aufmerksamkeit auf eine konkrete Aufgabe zu fokussieren, und diese mit voller Aufmerksamkeit und zur eigenen Zufriedenheit zu erledigen, lassen wir uns freiwillig durch Smartphones, SMS, What's App, E-Mails, Surfen im Internet und diverse andere Ablenkungen unterbrechen. Auch in der Freizeit finden somit häufig Multitasking und Fragmentierung der Aufgaben statt – wir sind auch hier immer „auf dem Sprung" und finden kaum Gelegenheiten, geistig zur Ruhe zu kommen. Das trifft natürlich nicht auf alle Menschen zu!

Mittlerweile liegen klare Hinweise vor, dass die dauerhafte Überaktivierung des Reiz- und Gefahrensuchsystems sowohl unsere Konzentrations- und

---

[4] Bauer Joachim (2015)
[5] Han Byung-Chul (2010)

Merkfähigkeit ruiniert, als auch psychische Erkrankungen und Demenzerkrankungen begünstigt! [6]

2.4. Die Funktionsbereiche unseres Gehirns bei Stress

Die neurobiologische Forschung und einer ihrer bekanntesten Vertreter, Gerald Hüther[7], beschreibt sehr bildhaft die Funktionen unseres Gehirns bei Stress.

Unser Gehirn – so können wir es uns einfach vorstellen – besteht evolutionsbedingt und mit der geistigen Entwicklung des Menschen verflochten, von außen nach innen aus mehreren „Schichten". Die äußerste Schicht bildet unser Frontalhirn. Hier sind menschliche Fähigkeiten wie logisches Denken, Handlungsplanung, Kosten-Nutzen-Analyse aber auch Empathie beheimatet. Haben wir Aufgaben zu erledigen – beruflich oder privat – die wir als gut bewältigbare und spannende Herausforderung betrachten, dann funktioniert dieser Teil unseres Gehirns einwandfrei. Es ist jener Bereich, der bei Eustress zielgerichtet und konstruktiv arbeiten kann.

Bei steigendem Stressniveau „klappt" die Leistungsfähigkeit unseres Gehirns quasi von außen nach innen weg. Bei steigendem Druck können wir die Fähigkeiten, die in unserem Frontalhirn angesiedelt sind, nicht mehr optimal oder gar nicht mehr nutzen. Stattdessen greifen wir auf angelernte und gut eingeübte Verhaltensmuster zurück, die im Mittelhirn gespeichert sind. In unserem Mittelhirn sind aber nicht nur Verhaltensmuster sondern auch die damit verbundenen Emotionen verankert. Wann immer uns etwas

---

[6] Bauer Joachim (2015)
[7] Hüther Gerald (2012)

positiv wie negativ bewegt, berührt oder unter Druck setzt, sucht unser Gehirn nach Mustern, die es schon kennt und die ihm rasch zum Handeln zur Verfügung stehen. Viele dieser Verhaltensmuster haben sich dort seit unserer Kindheit manifestiert und sind zur Bewältigung der heutigen Aufgaben mitunter nicht mehr adäquat. In manchen Situationen erscheinen uns andere Menschen oder auch wir selbst daher mitunter als „kindisch" und „unreif". Dies ist aber auch jener Teil unseres Gehirns, wo wir durch gezieltes (mentales) Training neue, geeignete Verhaltensmuster einüben und abspeichern können.

Empfinden wir den Druck als so groß, dass auch unser Mittelhirn gleichsam wegklappt und das dort gespeicherte Verhalten nicht mehr zur Verfügung steht, greifen wir auf die Muster unseres Stammhirns zurück. Es ist der evolutionsgeschichtlich älteste Teil unseres Gehirns und kennt zwei Möglichkeiten der Stressreaktion: fliehen oder kämpfen (Kampf-oder-Flucht-Reflex).[8] Einschätzung und Reaktion erfolgen reflexartig und in Sekundenbruchteilen. In unmittelbaren Gefahrensituationen ist das äußerst hilfreich, beispielsweise für einen Autofahrer, wenn ein Fußgänger unerwartet und plötzlich vom Gehsteig heruntersteigt. Der Autofahrer tritt reflexartig auf die Bremse und bringt sein Fahrzeug zum Stillstand. (Würden wir die Situation erst mit unserem Frontalhirn analysieren, hätte der Fußgänger wahrscheinlich keine Chance, wir würden ihn überfahren). Gehen wir nachts durch eine unbelebte dunkle Gasse und hören Schritte hinter uns, sind Körper und Geist sofort in Alarmbereitschaft, alle Sinne geschärft und unser Organismus auf Kampf oder Flucht vorbereitet.

---

[8] http://www.deutsche-medizinerauskunft.de/index.php?id=758971

Unser heutiges Umfeld bietet im Allgemeinen wenige Situationen, die wirklich gefährlich oder lebensbedrohlich sind und in denen wir auf die Reaktionsmechanismen unseres Stammhirns zurückgreifen müssen. Trotzdem geschieht dies – individuell höchst unterschiedlich – häufiger als notwendig. Unser Stammhirn kann bei Stress wirkliche Gefahren und eine harmlose Situation nicht immer klar unterscheiden und so wird alles, was subjektiv als bedrohlich empfunden wird, reflexartig als Gefahr eingestuft. Jede und jeder von uns hat bestimmt schon Situationen erlebt, die weder gefährlich noch lebensbedrohlich waren. Trotzdem verspürten wir momentan den Impuls, die Flucht zu ergreifen, was wir auch körpersprachlich zum Ausdruck brachten (z. B. wenn wir im Fluchtschritt bei einer für uns unangenehmen Besprechung auf der äußersten Sesselkante saßen).

Antje Heimsoeth bringt es auf den Punkt, wenn sie meint: „Stress entsteht zu einem erheblichen Teil im Kopf. Wie wir Situationen einschätzen und unsere eigenen Fähigkeiten und Ressourcen beurteilen, hat großen Einfluss darauf, ob es zu Stress kommt oder nicht.“ [9]

---

[9] Heimsoeth, Antje (2016)

3. Motivation und Arbeitswelt

3.1. Das menschliche Motivationssystem und seine Botenstoffe

Das Wort Motivation leitet sich aus dem lateinischen Begriff „movere" (bewegen) ab und bezeichnet die Fähigkeit, sich mit dem Geist oder dem Körper auf etwas zuzubewegen. Ein Netzwerk aus Nervenzellen in der Mitte unseres Gehirns steuert jene Botenstoffe, die für die Erzeugung von Motivation und Lebensfreude unverzichtbar sind: Dopamin, Oxytocin und endogene (körpereigene) Opioide.[10] Die Stoffe sind in Ihrer Wirkung äußerst fein aufeinander und auf unseren Organismus abgestimmt.

Dopamin, im Volksmund oft als Glückshormon bezeichnet, steuert als wichtiger Neurotransmitter verschiedene Körperreaktionen sowie auch den psychischen Antrieb[11]. Es wirkt leistungsfördernd auf Körper und Geist. Unter der Wirkung von Dopamin fühlen wir uns auch bei Anstrengung wohl. Eine besonders hohe Dopamin-Konzentration in unserem Körper erzeugt Liebe, die eine wohltuende Wirkung auf unser Nervensystem hat. Unter der Einwirkung von Liebe laufen wir zur Höchstform auf. [12]

Oxytocin fördert unsere Bindungsfähigkeit und wird dann ausgeschüttet, wenn wir vertrauensvolle Beziehungen eingehen. In vertrauensvoller Umgebung und Gesellschaft fühlen wir uns wohl. Befinden wir uns an Orten, mit denen wir angenehme Erinnerungen verknüpfen, verrichten wir Tätigkeiten, die uns gut von der Hand gehen oder in vertrauter Gesellschaft (angenehmes Arbeitsklima, Singen im Chor, angeregte Unterhaltung mit

---

[10] Bauer Joachim (2015)
[11] https://www.gesundheit.de/krankheiten/psyche-und-sucht/dopamin
[12] Weckert Al (2012)

einem lieb gewonnenen Menschen etc.), dann bildet unser Körper Oxytocin.

Zu den endogenen Opioiden zählen die Substanzgruppen Endorphine, Enkephaline und Dynorphine. Sie wirken angenehm auf unsere Emotionszentren, erhöhen unsere Lebensfreude und schützen uns vor Schmerz. Gleichzeitig stärken sie unsere körperlichen Abwehrkräfte. Zwischenmenschliche Zuwendung fördert die Ausschüttung endogener Opioide. Auch sie werden vom Körper gebildet, wenn wir freudvolle Erfahrungen machen.

Fasst man die obigen Betrachtungen zusammen, so wird deutlich, dass das Motivationssystem unseres Gehirns dann anspringt, wenn wir von anderen Menschen, Zuwendung, Wertschätzung, Anerkennung, Sympathie oder gar Liebe erhalten. Soziale Akzeptanz ist also ein wichtiger Schlüsselfaktor für die menschliche Motivation und Leistungsfähigkeit. Gleichermaßen ist es wichtig, dass die zu erledigenden Aufgaben für uns zu bewältigen sein müssen und wir sie im Idealfall auch gerne verrichten.

3.2. **Die Bedeutung von Sinnhaftigkeit**

Einen weiteren, enorm bedeutsamen Faktor für unser Wohlbefinden beschreibt der Stressforscher Aaron Antonovsky[13] in seinem Konzept der Salutogenese (frei übersetzt: wie Gesundheit entsteht), nämlich die Sinnhaftigkeit. Die Suche nach dem Sinn, das Erkennen und Verstehen von Zusammenhängen und das Bedürfnis Sinnvolles und Bedeutsames zu

---

[13] Antonovsky Aaron (1997)

tun, gehört zu den biologischen Grundeigenschaften und Grundbedürfnissen des menschlichen Gehirns. Erfahrungen von Sinnhaftigkeit leisten darüber hinaus einen bedeutenden Beitrag zur Erhaltung der Gesundheit.

Unter dem Begriff „Sense of Coherence“ (auf Deutsch etwa „Gefühl für Sinnhaftigkeit und Zusammengehörigkeit“) beschreibt Aaron Antonovsky drei Komponenten, die dieses Kohärenzgefühl entstehen lassen. Betrachtet man – speziell auch, aber nicht nur – unsere Arbeitswelt unter diesem Blickwinkel, so wird die Bedeutung dafür rasch klar:

Verstehbarkeit als kognitive Komponente:
Die zu erfüllenden Aufgaben und Tätigkeiten müssen klar und verständlich sein. Verstehbarkeit wird erzeugt durch klare Kommunikation und klaren Informationsfluss, nachvollziehbare Entscheidungen, Klarheit und Transparenz bei der Verteilung von Kompetenzen und Verantwortung.

Bewältigbarkeit als Verhaltenskomponente:
Die Aufgabenstellung muss so gestaltet sein, dass sie auch ausgeführt und erfüllt werden kann. Die Person muss über die notwendigen Kompetenzen (Fähigkeiten, Wissen, Erfahrung, Berechtigung) und Ressourcen (Zeit, Arbeitsmittel, Unterstützung durch andere Personen) verfügen und selbst zuversichtlich sein, die Herausforderung auch meistern zu können.

Sinnhaftigkeit und Bedeutsamkeit im engeren Sinne als emotionale Komponente: Alles was wir tun, soll für uns sinnvoll und von Bedeutung sein. In der betrieblichen Praxis wird Sinnhaftigkeit über die Kommunikation von konkreten Zielen, Klarheit über betriebliche Belange und Zusammenhänge sowie die wirksame Beteiligung der Beschäftigten erreicht, unter dem Gesichtspunkt: Welche konkrete Bedeutung hat und welchen wertvollen Beitrag liefert mein Wirken?

3.3. Motivation und die ideale Arbeitswelt

Die obigen Betrachtungen zeigen deutlich, unter welchen Bedingungen wir Menschen zur Höchstform auflaufen können. Um gesund zu bleiben, effiziente und gute Arbeit leisten zu können, brauchen wir ein wertschätzendes, angstfreies Arbeitsklima. Die Aufgabenstellungen müssen klar und verständlich, wohl herausfordernd doch unbedingt erfüllbar sein und erkennen lassen, welchen Beitrag sie zum Gesamterfolg liefern. Herausfordernd ist hier im Sinne von interessant, mit Möglichkeiten zur persönlichen Weiterentwicklung und Entfaltung gemeint. Außerdem benötigen wir Rückmeldung über und Anerkennung für unsere Leistungen. Im Idealfall können wir konzentriert arbeiten und Aufgaben zu Ende bringen. Multitasking und Fragmentierung (Unterbrechung der Arbeitsabläufe) sollten so gering wie möglich gehalten werden. Zu den wichtigsten Voraussetzungen für eine gesunde und effiziente Arbeitswelt gehören gelungene soziale Beziehungen am Arbeitsplatz, ein Arbeitsklima des Miteinanders und gegenseitige Unterstützung. Eine Kultur des gemeinsamen Lernens aus Fehlern trägt zur Weiterentwicklung aller und des gesamten Unternehmens bzw. einer Gemeinschaft bei.

Für viele Erwerbstätige sieht die tatsächliche Arbeitswelt jedoch anders aus. Zu den höchsten Belastungsfaktoren am Arbeitsplatz zählen Beeinträchtigungen im Arbeitsklima sowie Zeit- und Leistungsdruck, letztere insbesondere bei weiblichen Arbeitskräften. Dies mag durchaus auch darauf zurückzuführen sein, dass Frauen vielfach in Teilzeit arbeiten und in der begrenzten Zeit ein inadäquat hohes Arbeitspensum zu erledigen haben, um nach der Erwerbsarbeit zusätzlich noch Familie und Haushalt zu versorgen. Häufig trägt dies dazu bei, einen Zustand des Ausbrennens zu erreichen.

4. Burn-out – was ist das?

4.1. Burn-out und typische Kennzeichen

Menschen, die ausbrennen, leiden in der Regel über einen Zeitraum von mehreren Monaten bis Jahren unter starkem körperlichen und/oder seelischen (Dauer)Stress. Körper, Geist und Seele finden keine rechte Erholung mehr: weder an Wochenenden oder in der Freizeit und schließlich auch nicht mehr im Urlaub. Die Stresshormone Cortisol, Adrenalin und Noradrenalin werden nahezu dauerhaft ausgeschüttet und können vom Körper nur schlecht oder nicht mehr abgebaut werden. Dies wirkt sich nicht nur auf die kognitive und körperliche Leistungsfähigkeit aus, sondern schädigt mit der Zeit auch Organe. Die auftretenden Symptome sind individuell höchst unterschiedlich und beginnen häufig mit Konzentrationsschwäche, Unzufriedenheit, Antriebslosigkeit, Gereiztheit, Schlafstörungen und manifestieren sich bei längerer Dauer in diversen Krankheitsbildern (z. B. Beeinträchtigung des Herz-Kreislauf-Systems und des Immunsystems, Anspannung der Muskulatur, Kopfschmerzen oder Migräne, Probleme mit dem Rücken, u.v.a.m.).

Burn-out entwickelt sich also über einen längeren Zeitraum dann, wenn der Ausgleich verschiedener Lebensbereiche wie Beruf und Karriere, Gesundheit, Beziehungen und soziale Kontakte, Sicherheit, Privatleben und Hobbys nicht mehr gewährleistet ist[14]. Körper, Geist und Seele geraten aus dem Gleichgewicht.

Leitsymptom des Burn-out ist die totale Erschöpfung. Als typische Kennzeichen können folgende Merkmale auftreten:[15]

---

[14] Fiedler Claudia, Goldschmid Ilse (2010)
[15] Freudenberger Herbert, Gail North (2011), Ruhwandl Dagmar (2007)

- dauerhafte Müdigkeit, Ausgelaugt-Sein und damit verbunden Unausgeglichenheit und Gereiztheit
- kein erholsamer Schlaf, keine Entspannung und Erholung sind mehr möglich
- die kognitive Leistungsfähigkeit sinkt
- Erfolgserlebnisse fehlen, Selbstvertrauen und Produktivität leiden stark
- Soziale Erschöpfung: Soziale Kontakte kommen zum Erliegen, Mitmenschen werden nicht mehr als bereichernd erlebt, Verlust der Empathie
- Hobbys werden aufgegeben
- Freude wird kaum mehr empfunden
- persönliche „Energietankstellen" kommen zum Erliegen
- es kommt zur Selbstentfremdung und einem Gefühl der Leere; Hoffnungslosigkeit, Perspektivenlosigkeit und Sinnlosigkeit breiten sich aus
- der Lebensfluss scheint still zu stehen

4.2. Burn-out und typische Persönlichkeitsmerkmale

Burn-out kann grundsätzlich jeden treffen, unabhängig von Alter, Beruf, Bildungsstand und sozialer Herkunft. Es trifft aber nicht jeden. Woran liegt es, dass manche Menschen eher ausbrennen als andere? Bestimmte Persönlichkeitsmerkmale deuten darauf hin, dass Menschen mit derartigen persönlichen Strukturen eher unter Burn-out erkranken als andere. Von Burn-out betroffene Menschen[16]

- sind häufig überdurchschnittlich engagiert

[16] Fiedler Claudia, Goldschmid Ilse (2010), Freudenberger Herbert, Gail North (2011), Ruhwandl Dagmar (2007)

- neigen zum Perfektionismus
- nehmen sich mehr vor, als sie bewältigen können
- können nur schwer Hilfe annehmen
- beziehen ihren Selbstwert aus der erbrachten Leistung
- sind stark erfolgs- und leistungsorientiert
- haben hohe Erwartungen und stellen hohe Anforderungen an sich selbst
- achten wenig auf die eigenen Bedürfnisse, nehmen sie kaum mehr wahr
- möchten es allen recht machen und können schwer „Nein" sagen
- ignorieren die eigenen Grenzen der Belastbarkeit

4.3. **Burn-out – Ursachen und Gefährdung**

Nachdem nun die typischen Symptome und Persönlichkeitsmuster von Burn-out-Gefährdeten bekannt sind, möchte ich auf die Ursachen eingehen. Großes Gefährdungspotential geht von chronisch unkontrolliertem Stress und hohen Belastungen aus. Dazu zählen sowohl der klassische Disstress als auch jene permanente, diffus gestreute Wachsamkeit, die weiter oben als Unruhe-Stresssystem näher beschrieben wurde.

Als in der Arbeitswelt liegende Gründe für das typische „Job-Burn-out", die eine sogenannte Dysbalance zwischen Verausgabung und Anerkennung darstellen, nennt die Fachliteratur folgende:[17]

- große Arbeitsmenge und/oder hohe Anforderungen

---

[17] Bauer Joachim (2015)

- fehlende Unterstützung und mangelnde Ressourcen
- geringer Entscheidungsspielraum und wenig bis keine Einflussnahme auf die Arbeitsabläufe
- Mangel an Anerkennung und Wertschätzung
- negative Beeinträchtigung des Arbeitsklimas und wenig kollegiales Verhalten
- mangelnde Fairness und fehlende Transparenz
- fehlende Information über die Sinnhaftigkeit

Persönliche Einstellungen und Glaubenssätze, einschränkende, tief verankerte Gedanken wie „Das schaffe ich nicht!“, zu hohe Zielsetzungen und Erwartungen, Perfektionsstreben, „Helfersyndrom“, mangelndes Selbstwertgefühl, Ängstlichkeit und „Schuldanfälligkeit“ sowie eine grundsätzlich pessimistische Lebenseinstellung zählen zu den weiteren Energieräubern.[18] Häufig werden diese bereits in unserer Kindheit in uns „programmiert“.

Obwohl ein großer Teil der Forschungsarbeiten sich mit dem Burn-out-Phänomen im Zusammenhang mit der Arbeitswelt befasst, betrifft Burn-out nicht zwingend nur Menschen, die beruflich über- oder unterfordert sind. (Bei andauernder Unterforderung ist auch vom sogenannten „Bore-out“ die Rede). Herbert Freudenberger[19], der in den 1970-er Jahren den ersten wissenschaftlichen Artikel zum Thema Burn-out verfasste, hat im Rahmen seiner Arbeit als Psychoanalytiker bei Klienten die unterschiedlichsten Facetten von Burn-out beobachtet und sich unter anderem speziell auch dem Thema Burn-out bei Frauen gewidmet. Gerade auch Frauen und

---

[18] Fiedler Claudia, Goldschmid Ilse (2010),
[19] Freudenberger Herbert, North Gail (2011)

Mütter, die nicht im Berufsleben stehen, sich privat aber verausgaben, da sie sich um Familie, Haushalt, eventuell Garten, zu pflegende Angehörige kümmern, die eigenen Bedürfnisse und persönlichen Entfaltungsmöglichkeiten dabei weitgehend zurückstecken und für all das wenig Anerkennung erhalten, brennen aus und verspüren eine starke innere Leere.

Die individuelle Resilienz – wie gut jemand Stress, Belastungen und mangelnder Wertschätzung standhalten kann – entscheidet ebenso darüber, ob jemand ausbrennt oder Widrigkeiten unbeschadet meistert. Empfindsame Menschen zeigen deutlich niedrigere Belastungsgrenzen, die dementsprechend früher und rascher überschritten werden. Mit Übungen, Reflexion des eigenen Verhaltens und der eigenen Einstellung, Besinnen auf Dinge, die einem wirklich wichtig sind im Leben, Bewegung und entsprechender Ernährung kann die eigene Widerstandskraft gestärkt werden.

4.4. **Burn-out oder Depression**

Die korrekte Diagnose Burn-out oder Depression zu stellen, ist nicht immer einfach, da die Symptome sehr ähnlich erscheinen. Eine langanhaltende Burn-out-Erschöpfung führt im fortgeschrittenen Stadium (Stufe 11, orientiert man sich an den 12 Stadien nach Herbert Freudenberger[20]) häufig auch zu einer Depression. Deshalb möchte ich kurz auf die ganz wesentlichen Unterscheidungsmerkmale hinweisen:

Burn-out wird von übermäßigem Stress und tiefreichender Müdigkeit hervorgerufen.[21] Kennzeichen sind das fortschreitende Schwinden der

---

[20] Freudenberger Herbert, North Gail (2011)
[21] Freudenberger Herbert, North Gail (2011)

Energie und Nicht-Wahrnehmen der eigenen Bedürfnisse und Werte, was schlussendlich zur völligen Erschöpfung führen kann. Was beim Burn-out jedoch sehr lange aufrecht bleibt, sind der ursprüngliche Wille, etwas schaffen zu wollen oder das eigene Pflichtgefühl, etwas schaffen zu müssen, sodass die Grenzen der Belastbarkeit immer wieder aufs Neue überschritten werden. Man könnte es salopp so ausdrücken: „Der Kopf treibt an, bis der Körper nicht mehr kann und die Notbremse zieht." In den anfänglichen Stadien eines Burn-out finden Betroffene durchaus angenehme und freudvolle Ablenkungen und empfinden Lebenslust, wenn sie sich Dingen widmen, die sie gerne tun (wertvolle Freunde treffen, Hobbys pflegen, etc.). Mit steigender Belastung werden die freudvollen Empfindungen jedoch immer weniger, bis schließlich alles, auch das, was vorher als Energiequelle, Bereicherung und freudvolle Erfahrung galt, als kräfteraubend empfunden und aufgegeben wird.

Depressionen[22] hingegen werden in der Regel durch ein oder mehrere Ereignisse verursacht, die mit Verlust zu tun haben. Sie sind durch generelle Niedergeschlagenheit, Schwäche, Gefühle von Trauer und Lebensunlust gekennzeichnet. Eine Depression beeinflusst Gefühle und Stimmung immer.

Das Buch soll sich aber in erster Linie damit beschäftigen, was jede und jeder einzelne aktiv für sich tun kann, um vital und gestärkt durchs Leben zu gehen, auch wenn wir auf unserem Weg hin und wieder auf Stolpersteine, Herausforderungen und Widerstände stoßen. Es soll aufzeigen, wie wir „in Balance" bleiben oder diese wiedererlangen können.

---

[22] Freudenberger Herbert, North Gail (2011)

5. Balance oder Dysbalance

Jemand der häufig oder dauerhaft Stress erlebt, gerät aus seinem Gleichgewicht, aus seiner Balance. Im Inneren wie auch – manchmal früher, manchmal später – in seinem Wirken und Verhalten nach außen hin sichtbar.

Der deutsche Neurologe und Psychiater Nossrath Peseschkian, Begründer der Positiven Psychotherapie, beobachtete, dass trotz aller Unterschiede der menschlichen Individualität, Menschen auf Dauer zufrieden und langfristig belastbar sind – gleichsam in ihrer „Mitte" ruhen – wenn sich folgende vier Lebensbereiche in Balance befinden[23]: Leistung und Arbeit, Körper und Gesundheit, soziale Kontakte sowie Sinn. Es verwundert nicht, dass wir auch hier wieder der Sinnhaftigkeit begegnen, die für das menschliche Wirken so wichtig ist.

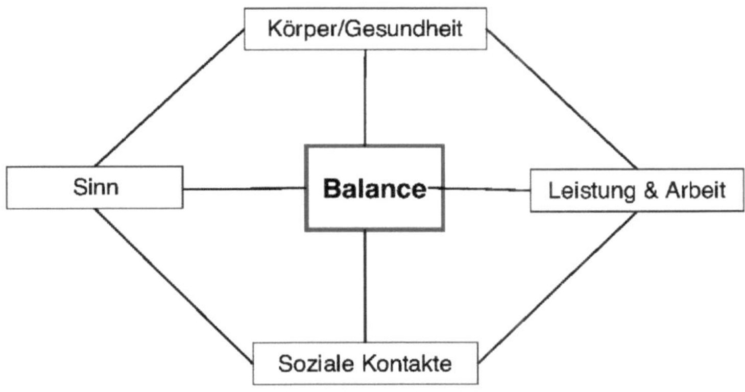

Abb. 1: Balance-Modell nach Nossrath Peseschkian

---

[23] https:// www.biokrebs.de

Eine „gute Balance“ der vier Bereiche sieht demnach folgendermaßen aus:

Leistung und Arbeit:
Wir üben einen für uns persönlich stimmigen Beruf aus, dessen Aufgaben und Tätigkeiten für uns interessant, herausfordernd und meisterbar sind. Idealerweise sind wir erfolgreich und erhalten dafür eine angemessene Entlohnung, Anerkennung, Ansehen und machen Karriere. Unser Gehalt ermöglicht uns die Absicherung unseres Lebensunterhaltes (Erfüllung des wichtigen Grundbedürfnisses Sicherheit!) und einen gewissen Wohlstand.

Körper und Gesundheit:
Wir achten auf gesunde Ernährung, Bewegung, Sport und Fitness, Erholung und Entspannung, mentale und psychische Stärke. Sie alle sind wichtige Grundlagen für körperliche, geistige und seelische Gesundheit und somit die Basis auch für unsere Leistungsfähigkeit.

Soziale Kontakte und gelungene Beziehungen:
Wertvolle zwischenmenschliche Beziehungen mit unserer Familie, Freunden und Bekannten, unseren Arbeits- und Vereinskollegen, Vorgesetzten und Nachbarn, von denen wir Respekt und Zuwendung erfahren und mit denen wir Freude erleben, geben uns Kraft.

Sinnhaftigkeit:
Wir haben klare Ziele, erfahren Wertschätzung und Liebe und unsere Werte sind wichtige Orientierungshilfen im Leben. Wir können unsere Bedürfnisse weitgehend erfüllen, erleben persönliche Weiterentwicklung und finden Möglichkeiten der Selbstverwirklichung. Kultur, Religion, Philosophie sind weitere wichtige Halt und Sinn gebende Faktoren.

Sind die vier Bereiche aus subjektiver Sicht ausgewogen, so sind wir zufrieden und belastbar. (Akuter) Stress wirft uns nicht so rasch aus der Bahn.

Wie die „richtige Balance" für jeden Einzelnen aussieht, hängt von der eigenen Persönlichkeit, der individuellen Lebenssituation und auch von Alter und Geschlecht ab. Am Beginn des Arbeitslebens ist es meist normal, dass der Bereich Leistung und Arbeit mehr Zeit und Raum einnimmt. Für junge Eltern sind wahrscheinlich die Bereiche soziale Kontakte und Gesundheit besonders wichtig. So ändert sich die momentan „optimale" Balance im Laufe des Lebens mehrmals.

Erleben wir eine über längere Zeit andauernde unangenehme Dysbalance (z. B. durch enorme Arbeitsüberlastung über Monate und Jahre hinweg, soziale Kontaktlosigkeit oder unbefriedigende, belastende Beziehungen, langfristige, wenig sinnstiftende berufliche Tätigkeit gekoppelt mit wenig Möglichkeiten zur Weiterentwicklung), kann dies zu körperlichen und psychischen Folgen führen. Handlungsbedarf ist nötig, um wieder in seine Mitte zu gelangen. Ein erster Schritt dazu ist, sich der Unausgeglichenheit und Überlastung bewusst zu werden, um in einem zweiten Schritt zu überlegen: Was kann ich konkret dagegen tun?!

Übung:
Überlegen Sie, wieviel Zeit und Raum die vier Bereiche in Ihrem Leben einnehmen. Sie können Ihre Betrachtungen auch grafisch als „Torte" darstellen und den einzelnen Bereichen „Tortenstücke" zuweisen. Ergibt sich eine für Sie passende Balance oder gibt es Bereiche, die zu viel Zeit und Raum einnehmen, andere hingegen kaum Platz finden? Wie können Sie diesen anderen, für Sie wichtigen Bereichen, mehr Raum und Zeit widmen? Was können Sie konkret tun, damit Sie wieder zufrieden sind?

Persönliche Balance

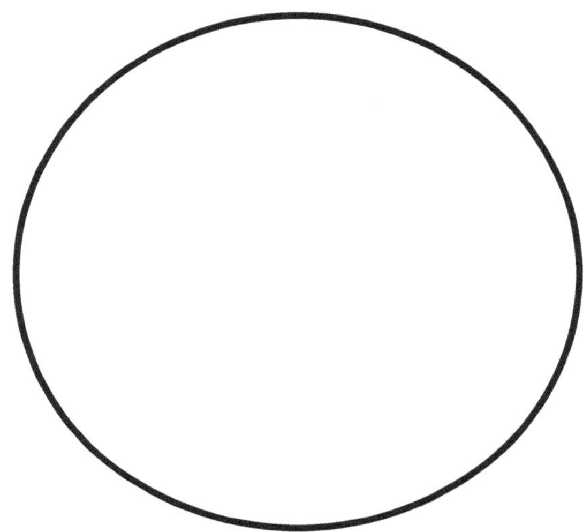

Was können Sie konkret tun, um Ihre „Wohlfühlbalance" zu erlangen?

6. Verstand – die eigene Energie fokussieren

Die Kraft und Energie, die wir Menschen für all das, was wir tun, einsetzen, speist sich aus verschiedenen Ebenen, die kontinuierlich gepflegt und gestärkt werden müssen. Insbesondere sind dies die Ebenen Verstand, Emotionen, Körper und Sinn. Was jede und jeder Einzelne konkret tun kann, um diese Ebenen und damit auch die eigene Widerstandskraft zu stärken, sollen die nachfolgenden Kapitel erläutern.

Vorab möchte ich eine Geschichte erzählen, die sich „Die Geschichte mit dem vollen Krug" nennt[24]. Sie zeigt recht klar, was es bedeutet, seine Energie gedanklich zu fokussieren:

Ein bekannter Redner wurde eingeladen, vor einer Gruppe von hochrangigen Managern einen Vortrag über sinnvolle Zeitplanung zu halten. Vorsichtig stellte er einen großen durchsichtigen Glaskrug vor sich auf den Tisch. Dann holte er etwa ein Dutzend faustgroßer Kieselsteine hervor und legte sie ordentlich in den großen Krug. Als dieser bis an den Rand voll war und kein weiterer Kieselstein mehr darin Platz hatte, blickte er auf und fragte seine Zuhörer: „Ist der Krug voll?" – Und alle antworteten: „Ja!"

Dann bückte er sich wieder unter den Tisch und holte eine mit Kies gefüllte Schale hervor. Sorgfältig verteilte er den Kies über die großen Kieselsteine und schüttelte den Krug dann etwas. Der Kies verteilte sich zwischen den großen Kieselsteinen bis auf den Boden des Kruges. Der Redner blickte auf und fragte sein Publikum erneut: „Ist dieser Krug voll?" Dieses Mal begannen seine Teilnehmer die Darbietung zu verstehen. Einer von ihnen antwortete: „Wahrscheinlich nicht." – „Gut", antwortete der Vortragende. Er

---

[24] nach Bilinski Wolfgang (2006)

verschwand wieder unter seinem Tisch und holte diesmal einen Eimer Sand hervor. Vorsichtig kippte er den Sand in den Krug. Der Sand füllte die Räume zwischen den großen Kieselsteinen und dem Kies aus. Wieder fragte er: „Ist das Gefäß jetzt voll?“

Nach einer kurzen Denkpause antwortete wieder einer der Zuhörer: „Nein“, - „Gut“, sagte der Redner. Und als hätte sein Publikum nur darauf gewartet, nahm er eine Wasserflasche, die unter seinem Pult stand, und füllte den Krug bis an den Rand. Dann blickte er auf und fragte: „Was können wir Wichtiges aus diesem Experiment lernen?“

Der mutigste unter den Zuhörern dachte an das Thema des Vortrags und antwortete: „Daraus lernen wir, dass selbst wenn wir denken, dass unser Zeitplan schon bis zum Rand gefüllt ist, wir immer noch einen Termin einschieben können.“

„Nein“, antwortete der Vortragende, „darum geht es mir nicht. Was wir wirklich aus diesem Experiment lernen können, ist Folgendes: „Wenn man die großen Kieselsteine nicht zuerst in den Krug legt, werden sie später niemals alle hineinpassen.“

Es folgte eine Pause des Schweigens. Jedem wurde bewusst, wie sehr der Redner Recht hatte. Dann fragte er: „Was sind in Eurem Leben die großen Kieselsteine: Eure Gesundheit, Eure Familie, Eure Freunde, die Realisierung Eurer Träume, das zu tun, was Euch Spaß macht, dazuzulernen, eine Sache zu verteidigen, Entspannung, sich Zeit zu nehmen oder etwas ganz anderes? – Wirklich wichtig ist, dass man die großen Kieselsteine zuerst in seinem Leben an die erste Stelle setzt. Wenn nicht, läuft man Gefahr, sein Leben nicht zu meistern. Wenn man zuallererst auf Kleinigkeiten achtet – den Kies, den Sand –, verbringt man sein Leben mit Kleinigkeiten und hat nicht mehr genug Zeit für die wichtigen Dinge. Deshalb vergesst nicht, Euch die Frage zu stellen: Was sind die großen Kieselsteine in meinem Leben? Und dann legt diese zuerst *in den Krug.*" (Geschichte verändert nach Wolfgang Bilinski)

6.1. Methoden des Zeit- und Selbstmanagement

6.1.1. Klare Ziele formulieren und erreichen

Wie die obige Geschichte zeigt, brauchen wir zum einen klare Ziele im Leben (privat und beruflich). Sie sind als „große Kieselsteine" wichtige Motivatoren und Leitlinien. Häufig gehen ihnen vage Wünsche oder Visionen voran, aus denen wir schließlich konkrete Ziele entwickeln. Dabei ist es wichtig, diese so präzise wie nur möglich zu formulieren und auch konkrete Schritte festzulegen, wie wir sie erreichen. Nur dann werden wir sie auch verwirklichen. Vage Vorstellungen bleiben meist unerfüllt und sind Nährboden für Enttäuschungen.

Ein bekanntes Modell, das bei der Formulierung von Zielen hilfreiche Unterstützung bietet, ist das sogenannte SMART-Modell. Ein SMARTes Ziel steht für:

S – spezifisch: Das Ziel soll so konkret, präzise und klar wie möglich formuliert sein. Je konkreter das Ziel ist, desto eher wird es erreicht.

M – messbar: Das Erreichen des Zieles ist idealerweise messbar – quantitativ anhand von Zahlen/Daten/Fakten oder qualitativ anhand anderer festzulegender Kriterien.

A – aktiv, attraktiv: Ein Ziel muss attraktiv sein, damit wir es auch wirklich erreichen wollen. Außerdem müssen wir konkrete Schritte überlegen und diese selbst aktiv und bereitwillig umsetzen.

R – realistisch: Das Erreichen des Ziels muss im Rahmen der eigenen Möglichkeiten liegen.

T – terminiert: Jedes Ziel benötigt einen Zeitrahmen oder eine konkrete Zeitangabe, bis wann es erreicht sein soll. Dies ist insofern wichtig, als das Erreichen von Zielen bei auftretenden Hindernissen sonst eventuell immer wieder verschoben wird.

Weitere wichtige Kriterien bei der Zielformulierung sind:

- Formulierung in der ICH-Form
- Formulierung in der Gegenwartsform
- Positive Formulierung, damit wir uns auf das „programmieren", was wir wollen!

Ein einfaches Beispiel für ein SMARTes Ziel: „Innerhalb der nächsten drei Monate nehme ich drei Kilogramm ab. Dafür gehe ich zweimal in der Woche für eine Stunde Walken und betreibe zweimal pro Woche Krafttraining. Außerdem esse ich täglich Obst und Gemüse und verzichte auf Alkohol und Süßes."

Da Ziele meist in einen größeren Kontext eingebettet sind, ist es sinnvoll zu prüfen, ob es eventuell unerwünschte Nebenwirkungen oder Konsequenzen gibt, wenn wir unser Ziel erreicht haben. Muss etwas aufgegeben werden? Oder – noch genauer – gibt es bereits auf dem Weg zum Ziel unerwünschte Konsequenzen oder Hindernisse, die im Wege stehen? [25] Und wenn ja, wie gehe ich damit um? Muss ich mein Ziel gegebenenfalls ändern? Was ist mein wichtigster persönlicher Gewinn bei der Zielerreichung?

---

[25] O'Connor Joseph, Seymor John (1995)

Übung:

Formulieren Sie ein für Sie wichtiges Ziel. Achten Sie darauf, dass es realistisch ist, also im Rahmen Ihrer Möglichkeiten liegt, und einen angemessenen Zeitrahmen hat. Überlegen Sie auch, was Sie aktiv tun können, um Ihr Ziel zu erreichen und woran Sie merken, dass Sie Ihr Ziel erreicht haben (Kriterium der Messbarkeit).

Prüfen Sie, ob es Hindernisse oder negative Konsequenzen auf dem Weg zur Zielerreichung oder danach gibt und passen Sie gegebenenfalls Ihr Ziel dahingehend an.

6.1.2. Prioritäten setzen

Bei allen Aufgaben, die wir zu erledigen haben, konzentrieren wir uns vorrangig auf jene, die einen ganz wesentlichen Beitrag zur Erfüllung und Erreichung unserer Ziele liefern. Wir müssen Prioritäten setzen und unsere „Erfolgsverursacher" vorrangig erledigen. Das sind jene Tätigkeiten, die am meisten zu unserem (persönlichen) Erfolg und Weiterkommen beitragen – weitere große Kieselsteine, wenn wir an die obige Geschichte denken.

Dabei können uns zwei Prinzipien hilfreich unterstützen: zum einen die sogenannte 80:20-Regel, die dem italienischen Ökonomen Vilfredo Pareto zugeschrieben wird (daher auch als „Pareto-Prinzip bekannt). Sie empfiehlt, uns vorrangig auf jene Aufgaben zu konzentrieren, bei denen wir mit nur wenig Aufwand (20 Prozent) ganz Wesentliches erreichen können.

Ein Beispiel: Eine Ordinationsassistentin eines niedergelassenen Facharztes gestaltet die Termineinteilung so, dass die Ordination gut ausgelastet ist, die Patienten trotzdem nur kurz warten müssen. Damit gewährleistet sie sowohl für ihren Arbeitgeber als auch für sich selbst einen fließenden Arbeitsablauf. Beide können sich auf ihre (sonstigen) Aufgaben konzentrieren. Sie sorgt somit, dass sowohl das „Unternehmen Arztpraxis" reibungslos läuft, als auch dafür, dass sie ihre vielen anderen Aufgaben termingerecht und wahrscheinlich ohne von Beschwerden zu lange wartender Patienten unterbrochen zu werden, erledigen kann.

Übung:

Überlegen Sie, was Ihre Erfolgsverursacher – beruflich und privat – sind:

Ein angeblich nach dem ehemaligen amerikanischen Präsidenten Dwight D. Eisenhower benanntes Schema bietet Unterstützung, wenn es darum geht, wichtige und dringende Aufgaben von weniger wichtigen zu unterscheiden.

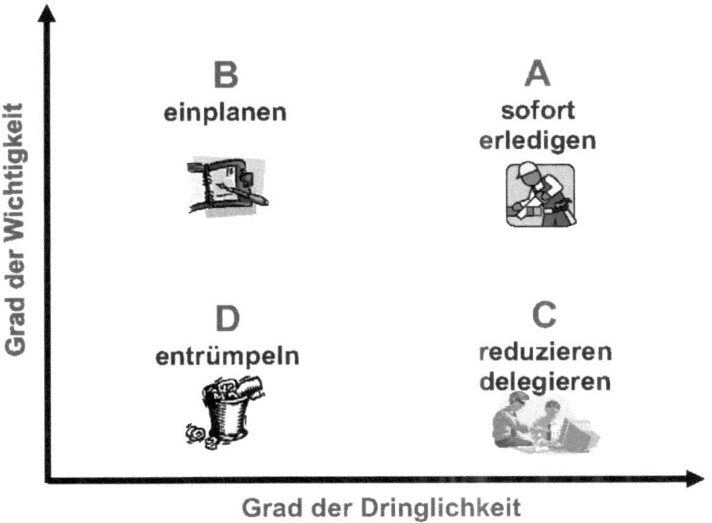

Abb. 2: „Eisenhower-Prinzip“

Wichtige und dringend zu erledigende Aufgaben haben höchste Priorität und sind A-Aufgaben. Sie müssen sofort erledigt werden: etwa die Organisation eines Visums für eine kurzfristig anberaumte Reise zu einem Kongress nach China, die ohne gültiges Visum nicht angetreten werden kann. Dazu kommen als A-Aufgaben noch die Buchung eines Fluges und eines Hotelzimmers. Wichtige Aufgaben, jedoch noch nicht dringend, sind einzuplanen, damit sie rechtzeitig erledigt werden. Beispielsweise sind für die Reise nach China ein Vortrag sowie eine dazu gehörende Power-Point-Präsentation zu erstellen. Dringende, jedoch in ihrer Wichtigkeit für den eigenen Erfolg nicht hoch einzustufende Aufgaben können delegiert werden. Beispielsweise kann die Reisekostenabrechnung nach der Dienstreise durch eine Assistentin/einen Assistenten erledigt werden. Bei weder wichtigen noch dringenden Aufgaben sollte man ernsthaft überlegen, ob sie überhaupt erledigt werden müssen!

6.1.3. Den Tagesablauf planen

Der Tag ist um und die Aufgaben auf der To-Do-Liste sind erst zur Hälfte erledigt! Sie kennen das? Oft liegt es daran, dass wir uns vorgenommen haben, zu viel in zu kurzer Zeit zu erledigen. Wir haben eine unrealistische Tagesplanung. Mit Hilfe der ALPEN-Methode[26] gelingt eine Tages- und Aufgabenplanung, die auch bewältigt werden kann. Dabei stehen die Buchstaben für folgendes:

A – alles aufschreiben:

Alle zu erledigenden Aufgaben werden schriftlich festgehalten. Dies sorgt

---

[26] geändert nach Seiwert Lothar (2002)

nicht nur für Überblick, sondern auch dafür, dass nichts Wesentliches vergessen wird.

L – Länge (Dauer) abschätzen – und die Hälfte der Zeit dazu rechnen: Häufig liegt die Ursache, warum wir mit unserer Arbeit nicht fertig werden darin, dass wir zu wenig Zeit für die Erledigung unserer einzelnen Aufgaben einplanen. Es geht darum, realistisch einzuschätzen, wie lange wir für eine bestimmte Aufgabe brauchen, wenn wir sie in unsere Tages- und Wochenplanung aufnehmen. Oft benötigen wir trotzdem mehr Zeit als gedacht. Wenn Sie zum Beispiel 3 Stunden für die Erstellung der Präsentation für die China-Reise aus dem Bauch heraus einplanen, rechnen Sie die Hälfte der Zeit mehr ein – also 4 ½ Stunden. So bringen Sie auch unerwartete Recherchen oder Unterbrechungen nicht aus der Ruhe.

P – Prioritäten setzen:
Hier weiche ich von Lothar Seiwerts Schema der Alpen-Methode ab. Bevor wir einplanen, welche Aufgaben wann zu erledigen sind, müssen wir erst einmal Prioritäten setzen und wissen, welche Aufgaben „Erfolgsverursacher", wichtig und dringend (A-Aufgaben) usw. sind. Hier hilft das oben angeführte „Eisenhower-Schema".

E – Einplanen von Pufferzeiten:
Planen wir unseren Tagesablauf, sollten wir maximal 60 Prozent unseres Arbeitstages verplanen. Der Rest ist „Pufferzeit", sogenannte geplante unverplante Zeit. Tritt Unvorhergesehenes auf (im Arbeitsalltag etwa die Reklamation eines wichtigen Großkunden, um die man sich sofort kümmern muss, weil sonst der Auftrag verloren gehen könnte), kommt unsere Tagesplanung nicht völlig aus dem Gleichgewicht. Außerdem gilt es, Erfolgsverursacher, A-und B-Aufgaben, wenn möglich, zu jenen Tageszeiten zu erledigen, wenn Konzentration und Leistungsfähigkeit hoch

sind. Bei vielen Menschen ist das am Vormittag und häufig auch am späteren Nachmittag oder gegen Abend der Fall.

N – Nachkontrolle und Vorausschau:
Am Ende des Tages gilt es, Nachschau zu halten, ob alles erledigt werden konnte. Wenn nicht, müssen diese Aufgaben neu geplant werden. Eine „Vorausschau" auf die Aufgaben der nächsten Tage sorgt für den notwendigen Überblick und ermöglicht einen raschen, konzentrierten Start in den neuen Tag.

6.2. Energie fokussieren durch Mentale Methoden

„Egal ob Sie glauben, dass Sie etwas können oder dass Sie es nicht können, Sie haben in jedem Fall Recht." Ein bekannter Spruch, der Henry Ford zugerechnet wird.

Antje Heimsoeth, eine bekannte deutsche Sport-Mentaltrainerin drückt es so aus: „Die meisten Menschen sind Gefangene Ihres eigenen Gehirns. Wir denken am Tag etwa 60.000 einzelne Gedanken. 85 Prozent davon sind negativ und haben eine destruktive Wirkung. Lediglich 15 Prozent aller Gedanken sind positiver Natur und wirken konstruktiv." [27] Unser Unterbewusstsein akzeptiert und speichert diese Gedanken wie ein Programm. Daher ist es notwendig, möglichst viele positive Gedanken und Erlebnisse zu sammeln und zu speichern, um unser Unterbewusstsein mit konstruktivem Inhalt zu füttern. Erfolgreiche Menschen zeichnen sich dadurch aus, dass sie konstruktive, anspornende und handlungsorientierte Selbstgespräche führen. Die Qualität unseres inneren Dialogs, die Art, wie

---

[27] Heimsoeth Antje (2016)

wir innerlich mit uns selbst umgehen, spielt also eine entscheidende Rolle in unserem Leben. Dies ist eine ganz wesentliche Voraussetzung für Erfolg, Weiterentwicklung und wohl auch dafür, Kraft zu schöpfen und widerstandsfähig zu bleiben. Schon Marc Aurel meinte: „Das Glück im Leben hängt von den guten Gedanken ab, die man hat."

Mentaltraining im weiteren Sinne gilt als Optimierung der gesamten menschlichen Informationsverarbeitung wie Sinneswahrnehmung, damit häufig verbundene Gefühle, Denken, Verhalten und Gedächtnisleistung.[28]

Mentales Training im engeren Sinne ist die geistige Vorbereitung auf eine Situation. Ziel ist, mit der Kraft der Vorstellung die Leistung zu steigern, um Situationen optimal zu meistern und im Idealfall Höchstleistungen abrufen zu können. Dies will jedoch geübt, ja trainiert werden! Für verschiedene Situationen und Lebensbereiche stehen eine Vielzahl von mentalen Methoden zur Verfügung. Welche Methode geeignet ist, hängt also völlig von der Situation, vom Ziel und vom Menschen ab.

Die folgenden Übungen sind eine Auswahl. Einige sind wertvolle Helfer, um den Verstand und unsere Emotionen zu „beruhigen", damit wir wieder klar denken und handeln können. Andere wiederum unterstützen uns dabei, uns zu konzentrieren und unsere Aufmerksamkeit zu fokussieren. Eine klare Zuordnung der verschiedenen Methoden zu den einzelnen Bereichen Verstand, Emotionen, Sinn und Körper ist nicht möglich. Manche Methoden wirken in mehreren Bereichen. Die Einordnung ist von mir anhand persönlicher Kriterien – vielfach aufgrund eigener Erfahrungen – erfolgt.

---

[28] Bender Claudia, Draksal Michael (2011)

6.2.1. Atemübungen

Erinnern wir uns daran zurück (Kapitel 2.4.), dass unter Stress unsere kognitive Leistung massiv beeinträchtigt sein kann und wir das Potential unseres Gehirns daher nicht voll ausschöpfen. Atemübungen sind äußerst wirkungsvolle Übungen, um Stress zu reduzieren. Die Atmung wirkt dabei direkt auf unser vegetatives Nervensystem, das autonom innerkörperliche Vorgänge reguliert, wie zum Beispiel unseren Herzschlag oder die Verdauung. Im Gegensatz zum somatischen Nervensystem, das unserer willkürlichen Kontrolle unterliegt (wir können damit bewusst unsere Muskelbewegungen steuern), lässt sich beispielsweise unsere Verdauung nicht bewusst beeinflussen. Sie funktioniert automatisch.

Indem wir uns ganz auf eine ruhige, tiefe Bauchatmung konzentrieren, reduzieren wir Stress, die damit verbundene Ausschüttung der typischen Botenstoffe und beeinflussen indirekt auch unseren Herzschlag. Gleichzeitig wird unser Körper besser mit Sauerstoff versorgt. Dies führt dazu, dass wir in der Regel wieder klarer denken und uns konzentrieren können, mitunter ist unsere Stimmung dann auch besser. Atemübungen gehören zu den wichtigsten und einfachsten Übungen, die – je nach Übung – überall und jederzeit durchgeführt werden können: vor einer wichtigen Präsentation genauso wie mitten in einer turbulenten, konfliktreichen Besprechung, um sich gedanklich zu sammeln und den eigenen Stresspegel zu senken.

Es wird „tief in den Bauch hinein geatmet“ – das ist wichtig! Der Bauch wölbt sich beim Einatmen vor, unsere Lungen werden vollständig mit Luft gefüllt, das darunter liegende Zwerchfell wird ausgedehnt. Beim Ausatmen entspannen sich die Bauchmuskeln und das Zwerchfell wieder, was zur allgemeinen Stressreduktion führt. (Unter Stress atmen wir meistens zu flach, was den Stress verstärkt.) Atemübungen finden im Kapitel über Emotionen ebenfalls einen wichtigen Platz.

„Atemrhythmus“[29] (auch bekannt als „4/11-er-Atmung“):

Diese Übung kann in bequemer Haltung im Stehen oder Sitzen durchgeführt werden.

- Atmen Sie tief in den Bauch hinein ein und zählen Sie (gedanklich) langsam bis vier.
- Machen Sie eine kurze Atempause.
- Atmen Sie dann langsam (wenn möglich durch den Mund) aus. Das Ausatmen soll länger dauern als das Einatmen. Sie können dabei – je nachdem wie es für Sie angenehm ist – bis 7, 8 oder 11 mitzählen. Finden Sie Ihren eigenen entspannenden Atemrhythmus!
- Wiederholen Sie die Atmung mehrmals, bis Sie die beruhigende und kräftigende Wirkung spüren.

„Weg der Luft“[30]

Wer sich gerne bewegt, wird möglicherweise diese Variante bevorzugen. Die Atemübung erfolgt im Stehen, Arme und Hände bewegen sich mit.

- Stellen Sie sich bequem und „gut geerdet“ hin – beide Beine stehen hüftbreit am Boden, die Knie sind leicht angewinkelt, der Oberkörper aufrecht.

---

[29] GESU-Institut (2017)
[30] GESU-Institut (2017)

- Sie atmen wieder tief in den Bauch hinein, in Ihr Zentrum. Dieses können Sie sich etwa zwei Zentimeter unterhalb Ihres Bauchnabels vorstellen.
- Beim Einatmen bewegen Sie Ihre Hände mit nach oben geöffneten Handflächen in einer fließenden Bewegung zuerst neben dem Oberkörper aufwärts, dann mit den Handflächen nach unten abwärts bis auf Höhe Ihres Zentrums.
- Verweilen Sie kurz in einer Atempause.
- Beim Ausatmen stellen Sie sich vor, wie die Atemluft durch Ihre Beine und Füße in den Boden fließt. Gleichzeitig bewegen Sie Ihre Hände mit nach unten geöffneten Handflächen fließend nach unten mit.
- Wiederholen Sie den Vorgang mehrmals, bis Sie die beruhigende und kräftigende Wirkung spüren.

6.2.2. Gedankenstopp[31]

Manchmal stören Gedanken unsere Konzentration oder unser Wohlbefinden und hindern uns daran, die Aufgaben, die wir erledigen möchten oder müssen, zu erfüllen. Mit einiger Übung gelingt es mit der Gedankenstopp-Technik, ablenkende und störende Gedanken zu stoppen und die Konzentration wieder auf das zu fokussieren, was uns wichtig ist. Zu Beginn kann es möglich sein, dass die ablenkenden Gedanken zunächst häufiger auftreten – dies geht nach einigem Üben in der Regel zurück und das „Stopp“ funktioniert. (Sie können den Gedankenstopp mit einer Entspannungstechnik wie dem „Atemrhythmus“ kombinieren.)

---

[31] Bender Claudia, Draksal Michael (2011)

Gedankenstopp-Technik:

- Sobald ein ablenkender Gedanke aufkommt, rufen Sie laut oder innerlich „Stopp!“. Dadurch unterbrechen Sie den Gedankenfluss.
- Beim Ausatmen lenken Sie den Blick auf die Aufgabe, die Ihnen wichtig ist bzw. die ansteht.
- Setzen Sie die Aufgabe fort und erledigen Sie diese. Eventuell unterstützt Sie dabei ein positives Selbstgespräch. („Ich mache weiter und erledige meine Aufgabe.“)

6.2.3. Der „Fünf-Minuten-Deal“[32]

Der „Fünf-Minuten-Deal“ ist eine sehr effektive Methode, wenn sich keine Konzentration auf die Sache einstellt, die man eigentlich erfüllen sollte. Man macht einen Deal mit sich aus, fünf Minuten lang konzentriert an dieser Sache zu arbeiten und dabei kein Abschweifen der Gedanken zuzulassen. Meist sind wir nach fünf Minuten auf unser Tun und die Aufgabe so fokussiert, dass wir danach weiter arbeiten. Die Methode ist nicht nur sehr zielführend sondern auch einfach auszuführen:

- Versprechen Sie sich selbst, fünf Minuten lang an der Aufgabe zu arbeiten und erst danach erneut zu entscheiden, ob Sie aufgeben.
- Beginnen Sie mit der Bearbeitung der Aufgabe.
- Lassen Sie während dieser fünf Minuten keine Ablenkungen, Lustlosigkeit oder störende Gedanken zu (Das ist der Deal!).
- Machen Sie nach fünf Minuten entweder weiter (was meist der Fall sein wird) oder hören Sie tatsächlich erst einmal auf, wenn sich keine richtige Konzentration einstellen will (was selten der Fall ist).

---

[32] Bender Claudia, Draksal Michael (2011)

6.2.4. Affirmationen – positive Selbstgespräche

Wie oft sind wir in negative Selbstgespräche und negative Gedanken verstrickt? Auch sie setzen sich in unserem Unterbewusstsein fest und werden wahr – wie die selbsterfüllende Prophezeiung.

Eine Affirmation hingegen ist ein bejahender, bekräftigender Satz, der – oft genug laut oder innerlich wiederholt – Gedanken und Überzeugungen verändert. Widerstandskraft, Erfolg und eine positive Ausstrahlung sind vielfach eine Frage der inneren Einstellung, die sich im Äußeren zeigt. Affirmationen streben ausschließlich einen positiven, stärkenden Effekt an, deshalb müssen auch die Inhalte immer positiv formuliert werden.[33]

So formulieren Sie eine Affirmation (ein positives „Selbstgespräch"):

- Wählen Sie eine positive, bejahende Formulierung.
- Bilden Sie einfache, leicht auszusprechende und leicht zu wiederholende Sätze mit höchstens zehn Wörtern.
- Formulieren Sie möglichst rhythmisch, in der Ich-Form und in Gegenwart (oder Zukunft). („Ich bin und bleibe ruhig, gelassen und gelöst.")
- Formulieren Sie nur solche Affirmationen, an die Sie auch glauben!
- Symbolgehalt: Affirmationen können auch positive Symbole beinhalten („Ich stehe wie ein Fels.")
- Schreiben Sie Ihre Affirmationen gegebenenfalls auf ein Kärtchen, das Sie mit sich tragen, um es jederzeit lesen zu können.
- Entwickeln Sie ein innerliches Lächeln – es wird nach außen hin sichtbar.

[33] Heimsoeth Antje (2016)

6.2.5. „Die drei Inneren Coaches“[34]

Die „drei Inneren Coaches“ sind eine Art „Erste Hilfe“ in Akutsituationen. Allerdings ist es sinnvoll, auch diese immer wieder zu üben, damit sie in der entsprechenden Situation ihre Wirkung gut entfalten können. Sie helfen, in Situationen, wo wir volle Konzentration benötigen, unsere Aufmerksamkeit gezielt zu fokussieren.

Die drei Inneren Coaches bestehen aus dem inneren Trainer, dem inneren Mentalcoach und dem inneren Energiecoach. Für alle drei überlegen Sie sich vorab genau, welche stärkenden, motivierenden oder beruhigenden Affirmationen Sie für Ihr wichtiges Vorhaben benötigen und notieren die Worte. Für eine wichtige Präsentation könnte dies beispielsweise folgendes sein:

- Der innere Trainer spricht handlungsorientiert.
  „Klar, deutlich und lebendig sprechen!“
- Der innere Mental-Coach spricht aufbauend und stärkend:
  „Ich meistere die Präsentation mit Freude!“
- Der innere Energiecoach spricht beruhigend oder aktivierend
  „Ich bin gelassen und konzentriert.“

Die Affirmationen sollten kurz und klar sein und – wie schon oben – für Sie passen. Direkt vor der Präsentation (vielleicht auch schon mehrere Tage lang im Vorfeld) wiederholen Sie die drei stärkenden Sätze laut oder still in Gedanken, spüren innerlich nach und treten dann aufs Podium.

[34] GESU-Institut (2017)

6.2.6. Stärkung der Subkontexte

Es gibt Aufgaben, Ziele und Themen im Leben, die wir wirklich gerne und mit Elan erfüllen würden. Mitunter hindert uns daran ein „Problem", das wir manchmal nicht einmal genau benennen können. Unsere „Themen" sind in der Regel in „Unterthemen" (Subkontexte), gliederbar. Manche dieser Unterthemen beherrschen wir hervorragend, sind vielleicht wahre Meister darin, das eine oder andere hingegen weniger gut (niemand kann alles perfekt!). Die Methode stärkt die eigenen Überzeugungen durch reelle Erfahrungen in einzelnen Teilbereichen eines Themas, die wir wirklich gut beherrschen, sodass wir uns für die gesamte Aufgabe gewappnet fühlen.[35]

Übung:

- Finden Sie für Ihr „Problem" die Subkontexte: Aus welchen kleineren Teilbereichen (Subkontexten), setzt sich Ihr Thema/Problem zusammen?
- Visualisieren Sie die einzelnen Teilbereiche auf einem Blatt Papier, Flip-Chart oder dergleichen.
- Welche Teilbereiche beherrschen Sie wirklich gut?
- Auf welchen der Subkontexte/Teilbereiche bezieht sich das eigentliche „Problem"?
- Wie können die umliegenden Subkontexte reell gestärkt werden? (Was können Sie selbst tun? Wer/was könnte Sie unterstützen?)
- Notieren Sie, was Sie konkret tun können und setzen Sie es um!

[35] GESU-Institut (2017)

Diese Stärkung führt zu einer Stärkung des Gesamtthemas. Sie erleben sich dadurch in einem neuen, positiven Erfahrungsraum, das „Problem" stellt in der Regel kein Hindernis mehr dar.

Ein Beispiel[36] aus dem Fußball soll dies klarer zeigen: Ein junger Nachwuchsfußballer hat das Ziel, in einen Bundesliga-Club in Österreich oder Deutschland aufgenommen zu werden. Er selbst ist der Überzeugung, dass es ihm an Schnelligkeit fehlt (Problem). Schnelligkeit im Fußball setzt sich aus den Teilbereichen Antrittsschnelligkeit, Schnelligkeitsdauer, Sprungkraft, Maximalkraft, Körperlichkeit, Geschicklichkeit und Gewandtheit sowie Antizipationsfähigkeit zusammen. Nun gilt es herauszufinden, auf welchen der Bereiche sich das eigentliche Problem bezieht (z. B. Sprintschnelligkeit).

Abb. 3: Stärkung der Subkontexte

---

[36] GESU-Institut (2017)

Ist dies geklärt, geht es darum, zu überlegen, wie die anderen Teilbereiche reell gestärkt werden können. Im Falle des Fußballers Spezialtraining mit den Besten einzelner Teilbereiche. Der „Mangel“ an Sprintschnelligkeit als individuelle negative Erfahrung (Problem) wurde durch ausgezeichnete Leistungen in den anderen Bereichen aufgehoben bzw. entkräftet. Durch die Stärkung der anderen Subkontexte entwickelt sich ein neues, positives und somit kraftvolles Selbstbild.

6.2.7. Performance Quadrat

Das aus der kognitiven Verhaltenspsychologie stammende Performance Quadrat hilft, die vier Bereiche Denken (Verstand), Emotionen, Körper und Handeln bewusst zu steuern. [37]

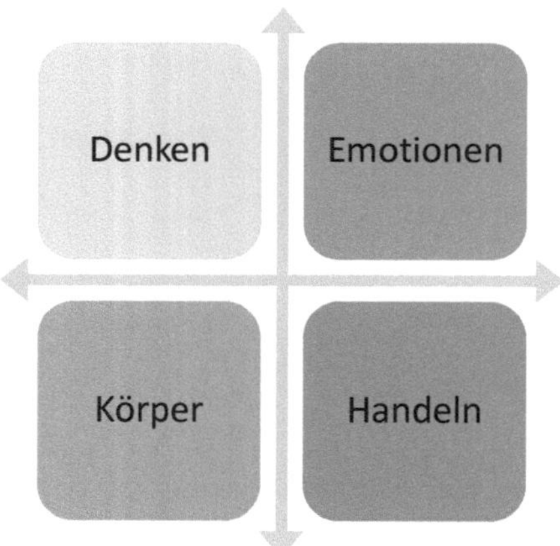

Abb. 4: Performancequadrat

[37] GESU-Institut (2017)

1) In der Reflexion einer Stresssituation wird betrachtet:
   Wie ging es in dieser Situation auf den vier Ebenen?
   Was waren Ihre Gedanken? Wie haben Sie sich gefühlt?
   Welche Körperhaltung haben Sie eingenommen? Wie hat Ihr Körper reagiert (Herzklopfen, ...)? Wie haben Sie sich verhalten?
2) Danach kann ein Zielbild entwickelt und anschließend mental verankert werden: Wie hätten Sie es in dieser Situation denn gerne – im Denken, in den Emotionen, im Körper, im Verhalten?

Diese positiven, stärkenden Vorstellungen notieren Sie am besten auf einem Blatt Papier und „trainieren" sie regelmäßig. Sie stellen sich vor, wie Sie sich das nächste Mal in dieser oder einer ähnlichen Situation auf diesen vier Ebenen verhalten. Wenn Sie beispielsweise wieder in eine Verhandlung gehen müssen, so bereiten Sie Ihre Argumente vor, Sie stellen sich vor, wie Sie konzentriert und emotional „auf dem Boden bleiben", auch wenn Sie jemand provozieren möchte, wie Sie den Verhandlungsraum betreten, welche Körperhaltung Sie einnehmen und wie Sie sich insgesamt verhalten (möchten). Gleichzeitig können Sie Atemübungen machen (Atemrhythmus im Sitzen), um in emotionalen Verhandlungen Ruhe zu bewahren und das Betreten des Raumes bzw. Ihre Körperhaltung real üben. Wie der Name Mentaltraining schon sagt, es ist notwendig, Abläufe mental und auch real zu üben, damit sie in der Echtsituation auch funktionieren. Spitzensportler bereiten sich so auf Wettkämpfe vor. (Und manchmal ähnelt eine Verhandlung ja wohl einer Wettkampfsituation.)

7. Sinnhaftigkeit – der Energie Bedeutung geben

Sinnhaftigkeit in unserem Tun und Wirken zu erleben, ist ein ganz wesentliches Grundbedürfnis, das ich schon an früheren Stellen in Kapitel 3 und 5 näher beschrieben habe. Als sinnvoll erachten wir unser Wirken, wenn Tätigkeit und Ergebnis uns sinnvoll erscheinen, wenn wir unsere Stärken gezielt einsetzen und nutzen und Erfolge verzeichnen. Im besten Fall stellen sich dann auch Freude und Zufriedenheit ein.

Als „Flow“ bezeichnet Mihaly Csikszentmihalyi[38] jenes Gefühl, das wir empfinden, wenn wir voll und ganz in unserem Tun und Wirken aufgehen. Alles rund um uns scheint für diese Zeit völlig zu verschwinden. Das ist immer dann der Fall, wenn uns die Aufgabe, die wir zu erfüllen haben fesselt, wir sie als spannend und herausfordernd wahrnehmen und zuversichtlich sind, diese auch meistern zu können. Privat erleben wir dieses Gefühl des vollkommenen Aufgehens bei der Ausübung eines geliebten Hobbys, einem freundschaftlichen sportlichen Wettkampf oder einem angeregten Gespräch mit jemandem, den wir wertschätzen und respektieren. Flow stellt sich nur dann ein, wenn wir im Einklang mit uns selbst und der Welt rund um uns herum sind. Beobachten Sie ein spielendes Kind, das voll und ganz in sein Spiel versunken ist! Flow entsteht dann, wenn unsere Fähigkeiten zur Geltung kommen und wir unsere Stärken auch optimal einsetzen können.

[38] Csikszentmihalyi Mihaly (2015)

7.1. Die eigenen Stärken kennen und nutzen

Wie oft haben Sie sich schon einmal Zeit genommen und überlegt, was Sie wirklich gut können und was Sie auch wirklich gerne tun? Allem, was Sie gerne tun, widmen Sie besondere Aufmerksamkeit und Sorgfalt. Darum gelingen diese Aufgaben auch besonders gut und sie erfüllen Sie in der Regel mit Zufriedenheit und Freude. Es lohnt sich daher, zeitweise inne zu halten und sich zu fragen:

- Was können Sie wirklich gut?
- Was machen Sie wirklich gerne?
- Wieviel von dem machen Sie im beruflichen und/oder privaten Alltag?
- Wie oft gehen Sie tatsächlich voll und ganz in dem auf, was Sie tun?
- Wann und wobei können Sie mehr von Ihren Stärken in Ihrem Alltag einbinden oder umsetzen?

7.2. Dankbarkeitstagebuch[39]

Wer über einen längeren Zeitraum hindurch gestresst, getrieben durch Verpflichtungen ist, neigt mitunter dazu, kaum mehr Positives zu sehen. Im Hamsterrad der Verpflichtungen dreht sich alles nur mehr darum, bestmöglich zu funktionieren. Gerade dann ist es wichtig, die positiven Dinge im Leben wahrzunehmen, zu würdigen und dafür dankbar zu sein – sie sind eine wichtige Kraftquelle. Ein schönes Hilfsmittel dazu ist das „Dankbarkeits-Tagebuch“, das als Ritual ins alltägliche Leben eingebunden werden kann. Es lenkt den Fokus auf Schönes und Wesentliches, das jeden Tag in unserem Leben stattfindet und woraus wir wieder Kraft und Zuversicht schöpfen können. Mihaly Csikszentmihalyi drückt es so aus: „Glück ist die Summe aller guten Momente, denen wir jeden Tag Aufmerksamkeit schenken.“ Es lohnt sich, täglich einen Blick auf Erfreuliches zu werfen und es festzuhalten.

Dankbarkeits-Tagebuch:[40]

- Fürs Dankbarkeits-Tagebuch setzen Sie sich am besten abends in Ruhe hin. Im Tagebuch werden all die schönen, kleinen wie großen, besonderen Dinge und Ereignisse des Tages festgehalten, für die Sie dankbar sind – mindestens drei bis fünf pro Tag.
- Im Tagebuch ist nur Platz für Dinge, für die Sie dankbar sind, die Ihnen Freude bereiten.
- Platz ist auch für die Namen der Menschen, die „heute“ positiv auf Sie gewirkt haben.

„Die Glücklichen haben ihren Blick trainiert für die Dinge, die erfreulich sind.“ [41]

---

[39] Heimsoeth Antje (2016)
[40] Heimsoeth Antje (2016)
[41] Csikszentmihalyi Mihaly (2015)

7.3. Erfolge verzeichnen – ein Erfolgstagebuch führen

In ähnlicher Weise wirkt ein Erfolgstagebuch. Wir alle verzeichnen täglich kleinere und größere Erfolge. Oft sind sie uns gar nicht bewusst, sondern wir nehmen sie als selbstverständlich hin. Es lohnt sich, unseren Blick auf das zu lenken, was wir gut machen, worin wir erfolgreich sind. Meist nehmen wir Erfolge nur wahr, wenn wir von anderen darauf angesprochen werden und Anerkennung erfahren. Wie oft ist dies der Fall? Das Führen eines Erfolgstagebuches lenkt unsere Aufmerksamkeit auf unsere Stärken, auf das, was wir wirklich gut gemacht haben und stärkt – wie schon das Dankbarkeits-Tagebuch – Selbstvertrauen und Selbstwert.

Erfolgs-Tagebuch:

- Setzen Sie sich in Ruhe hin und notieren Sie alle kleinen wie großen Erfolge – mindestens drei bis fünf pro Tag.
- Seien Sie stolz auf das, was Sie erreicht haben und würdigen sie es.
- Im Tagebuch ist nur Platz für Erfolge!

Variante: Erfolgsliste[42]

Ist Ihnen das Führen eines Erfolgstagebuchs zu aufwändig, so können Sie Ihre „persönliche Erfolgsgeschichte" auch auf einer Liste festhalten. Dazu notieren Sie mindestens zehn Dinge in Ihrem Leben, die Sie richtig und gut gemacht haben und auf die Sie richtig stolz sind. Es lohnt sich, diese Liste griffbereit zu haben und immer wieder einen Blick darauf zu werfen, wenn Sie Stärkung benötigen. Wenn sich im (beginnenden) Burn-out scheinbar keine Erfolge mehr einstellen, ist diese Liste hilfreich, um wieder

[42] Ruhwandl Dagmar (2007)

Bewusstsein zu schaffen für das, was Sie alles gut können. Möglicherweise stärkt dies auch wieder Ihren Entdeckergeist und nährt die Bereitschaft, Ihre persönliche Komfortzone schrittweise zu verlassen, um Neues auszuprobieren.

7.4. Abhaken von Misserfolgen

Manchmal gelingt etwas nicht – eine Präsentation, einen Auftrag zu erhalten, eine Verhandlung oder Ähnliches. Wir scheitern eben manchmal. Anstatt tage- und wochenlang damit oder mit uns selbst zu hadern, sollten wir diese gescheiterten Aufgaben als Gelegenheit nutzen, daraus zu lernen. Dies geht aber nur, wenn wir den Misserfolg erst einmal „abhaken“ (können).

Die folgende Übung ist fürs zügige Verarbeiten von Misserfolgen hilfreich und unterstützt dabei, daraus zu lernen und möglichst schnell Abstand zu gewinnen. Sie kann alleine oder gemeinsam mit einer Vertrauensperson gemacht werden. Je souveräner Sie damit umgehen können, desto weniger Energie verbrauchen Sie fürs Hadern und können sich gezielt wieder auf das positive Tun konzentrieren.

Abhaken von Misserfolgen:[43]

- Sie dürfen offen enttäuscht sein und Ihren Gefühlen freien Lauf lassen.
- Danach wählen Sie eine Aktivität, die Ihnen Erleichterung verschafft. Die körperliche Aktivität hilft Ihnen, sich geistig nicht länger im Hamsterrad des Misserfolgs zu bewegen.

---

[43] Heimsoeth Antje (2016)

- Wenn der Kopf wieder frei ist, widmen Sie sich der Analyse des Misserfolgs:
  Was können Faktoren dafür gewesen sein?
  Was lief gut, welche Stärken kamen zum Tragen?
  Was lief nicht gut?
  Wo sind Sie in alte Gewohnheitsmuster zurückgefallen?
  Was lässt sich beim nächsten Mal verbessern?
  Wie haben Sie sich in der betroffenen Situation erlebt?
- Wenn die Analyse abgeschlossen ist, richten Sie den Blick wieder nach vorne: Wann gibt es wieder eine Gelegenheit, bei der Sie es besser machen können?

Die Reflexion und Auswertung ist in jedem Fall lohnend – nicht nur bei Misserfolgen. Im Leben bewegen wir uns gerne innerhalb unserer Komfortzone. Das ist die Zone, wo wir uns sicher fühlen, im Rahmen unserer bekannten Möglichkeiten und Muster handeln und darauf vertrauen, Aufgaben so bestmöglich bewältigen zu können. Wir entwickeln uns aber nur dann weiter, wenn wir uns auch aus unserer Komfortzone herauswagen. Dabei gehen wir natürliche das Risiko ein, dass nicht alles genauso funktioniert, wie wir es gerne hätten oder wir sogar das eine oder andere Mal scheitern. Statt uns dann zurückzuziehen und uns zu grämen, ist es weitaus wertvoller, die Situation im Nachhinein zu betrachten, zu reflektieren und für die Zukunft daraus zu lernen. Lernen bedeutet, neue Handlungsmuster auszuprobieren und zu speichern, wenn sie erfolgreich sind.

7.5. Pflege von Hobbys und wertvollen sozialen Kontakten

Was immer wir mit Begeisterung tun, erzeugt in uns positive Energie. Meist gelingen uns diese Dinge auch gut und bescheren Erfolgserlebnisse. Darum scheint es durchaus sinnvoll, so viel wie möglich von dem zu tun, was uns begeistert. Das regelmäßige Ausüben von Hobbys stellt somit eine der wertvollsten „Energietankstellen" dar. Wenn wir diese Hobbys noch dazu gemeinsam mit Menschen ausüben, die uns wichtig und wertvoll sind, eröffnen wir uns eine weitere, ebenso bereichernde Krafttankstelle: das Pflegen wertvoller sozialer Kontakte. Darunter sind hier jene Menschen zu verstehen, mit denen wir uns wirklich wohl fühlen, denen wir vertrauen und wo das gemeinsame Handeln Freude bereitet und/oder als sinngebend empfunden wird. Ob das ein gemeinsam in einem angeregten Gespräch verbrachter Abend mit einem vertrauten Menschen, Unternehmungen mit Freunden oder Familienmitgliedern, die Spaß machen (etwa eine Ski-, Berg- oder Radtour oder ein gemeinsamer Theater- und Restaurantbesuch) oder einfach ein Blitzbesuch und Plausch beim netten Nachbarn sind. Alles, was Freude bereitet, Sinn gibt und als wertvoll verbrachte Zeit erlebt wird, fühlt sich „lebendig" an und stärkt.

Nicht gemeint sind hingegen Kontakte und „Netzwerke", die uns als scheinbare Verpflichtungen belasten oder die wir aus Kalkül pflegen. Diese nagen auf lange Sicht an unseren Reserven und sind unter „Energieräuber" einzuordnen. Kontakte zu Menschen, deren Gegenwart unsere Kraftreserven gleichsam aufzufressen scheinen, sind so weit wie möglich zu meiden. Wer feinfühlig ist, spürt regelrecht, wie die eigenen Akkus entladen werden.

Pflege von Kontakten bedeutet auch, dass man von sich aus auf andere zugehen muss. Menschen unter Stress oder schon auf dem Weg zum Burn-out verringern ihre sozialen Beziehungen und damit entsteht ein Teufelskreis, den es zu unterbrechen gilt. Vereinsamung ist sonst die Folge.

7.6. **NEIN-Sagen (lernen)**

Nein bedeutet Ja zu etwas anderem! Nein-Sagen bedeutet auch, Zeit für das zu haben, was wirklich wichtig ist, was für Sie sinnvoll ist. Haben Sie sich schon manchmal über sich selbst geärgert, weil Sie Ja gesagt haben, obwohl Sie tatsächlich Nein gemeint haben? Was hindert Sie daran, öfter einmal Nein zu sagen? Ist es weil,

- Sie jemanden nicht vor den Kopf stoßen wollen
- Sie Konsequenzen befürchten
- der eigene Ehrgeiz und Leistungsanspruch das Ja fordert
- Sie eventuell Angst vor Ausgrenzung haben
- noch andere Gründe vorliegen

Es gibt auch gute Gründe für ein NEIN:

- der Auftrag liegt nicht im eigenen Aufgabenbereich
- es fehlen die notwendigen Kompetenzen und gravierende Fehler wären die Folge
- es geht sich für Sie zeitlich nicht aus, da Sie schon ausgelastet sind
- etwas anderes ist wichtiger und hat Priorität
- Ihre Gutmütigkeit wird ausgenutzt
- und andere Gründe

Es ist wichtig, mitunter Nein zu sagen! Wer immer Ja sagt, läuft Gefahr, die eigenen Grenzen der Leistungsfähigkeit weit zu überschreiten oder nicht ernst genommen zu werden. Nein zu sagen bedeutet auch, selbst zu wissen, was wichtig ist, und eine Entscheidung zu treffen. Das erfordert Klarheit bei sich selbst – ich nenne es gerne salopp „Klarheit im eigenen

Kopf schaffen“ und dann entscheiden. Es gibt immerhin viele Situationen, wo ein Nein klar überlegt und nicht vorschnell ausgesprochen sein will.

Wie geht Nein-Sagen, wenn es schwer fällt?
Es ist wichtig, zuerst abzuwägen ob JA oder NEIN. Ein Nein lässt sich in der Regel begründen – konkret und sachlich. Manchmal ist vielleicht Bedenkzeit nötig, bevor ein vorschnelles Ja oder Nein ausgesprochen wird. Auch das kann angesprochen und begründet werden. Manchmal können Aufgaben auch mit einem Gegengeschäft gelöst werden: „Ich erledige für dich dies, bitte erledige du für mich das.“ Manchmal lassen sich auch völlig neue Lösungen finden. Je klarer Sie wissen, was Ihnen wichtig ist, desto leichter fällt Ihnen die Entscheidung ob Ja oder Nein und desto klarer können Sie ein Nein zum Ausdruck bringen.

7.7. Die eigenen Belastungsgrenzen wahrnehmen – Hilfe annehmen!

Unser Körper zeigt uns in der Regel, wenn die Grenzen der Belastbarkeit erreicht sind. Er sendet mehr oder weniger eindeutige Warnsignale aus (Kopfschmerzen, Schlaflosigkeit, Verspannungen, Rückenprobleme, organische Beschwerden, etc.). Bei Stress bzw. im Burn-out achten wir oft nicht auf diese Signale, sondern überschreiten sie immer wieder, bis wir sie gegebenenfalls gar nicht mehr bewusst spüren oder negieren, oder bis der Körper von selbst ein deutliches Stopp-Zeichen setzt, auf das wir reagieren müssen (eine Krankheit, ein akuter Bandscheibenvorfall oder andere). Ein typisches Kennzeichen von Burn-out-Gefährdeten ist – wie schon eingangs erwähnt – alles/vieles selbst erledigen zu wollen und nicht um Hilfe bitten zu können/wollen. Um Unterstützung zu bitten, kann man lernen. Am besten schon bevor deutliche physische und psychische Signale der Überlastung Ihr Wirken einschränken. Manchmal muss dazu einfach „nur“

der eigene „innere Schweinehund“ – die Hemmschwelle, die man sich selbst bewusst oder unbewusst auferlegt hat – überwunden werden.

Die wichtigen Fragen im Vordergrund lauten dabei:

- Was müssen Sie wirklich selbst erledigen?
- Welche Aufgaben könnte jemand anderer für Sie übernehmen?
- Wer kann Sie dabei wie unterstützen?
- Was „kostet“ Sie dies?
  (Damit sind weniger tatsächliche Kosten in Form von Geld gemeint als beispielsweise: Sie müssen vor sich und anderen „zugeben“, nicht alles selbst schaffen zu können; man erwartet von Ihnen zu einem anderen Zeitpunkt eine Gegenleistung, usw.)
- Können Sie es akzeptieren, dass jemand anderer die Aufgaben gegebenenfalls auf eine andere Art und Weise erledigt, als Sie es tun würden? (Das ist für die Perfektionisten unter Ihnen eine entscheidende Frage!)
- Bis wann sollen die Aufgaben erledigt sein?
  (Geben Sie Ihrem Unterstützter/Ihrer Unterstützerin ausreichend Zeit, damit er/sie nicht selbst unter Zeitdruck gerät. Das ist eine Frage des Respekts!)
- Verschaffen Sie sich Überblick, machen Sie eine Bestandsaufnahme Ihrer Hilfsmöglichkeiten und halten Sie diese schriftlich fest.

Um Hilfe zu bitten ist gar nicht so schwer, wie viele glauben. Gleichzeitig eröffnen Sie sich damit vielleicht ein wertvolles soziales Unterstützernetzwerk, das idealerweise auf Gegenseitigkeit beruht.

8. Emotionen – die Qualität der Energie beeinflussen

8.1. Emotionen und das emotionale Pulverfass

Emotion wird auch als „Energie in Bewegung“ beschrieben. (Wenn wir uns ärgern, verbrauchen wir Energie – oft sinnlos für nichts!) Wer unter Druck steht, ist emotional weniger belastbar. Wenn dann noch jemand auf den entscheidenden „roten Knopf“ drückt – unseren wunden Punkt trifft – dann platzt uns vielleicht sogar einmal so richtig der Kragen und wir teilen das unserer Umgebung auch unmittelbar mit. Das kann sich im Augenblick als sehr entlastend erweisen, hinterlässt aber möglicherweise eine unangenehme Erinnerung. Im schlechteren Fall – passiert dies mitten in einer Diskussion, wo kontroverse Standpunkte erörtert werden, in einer Verhandlung oder bei einem Elternabend – müssen wir eventuell sogar mit negativen Konsequenzen rechnen. Nicht jeder bleibt cool und nicht jeder sitzt gleich auf dem emotional bereits glimmenden Pulverfass.

Paul Ekman[44] unterscheidet zwischen sieben Basisemotionen, die er in seinen Forschungen weltweit in unterschiedlichen Kulturen beobachtet hat. Diese Emotionen sind in jeder Kultur zu beobachten: Trauer, Zorn, Überraschung, Angst, Ekel, Verachtung und Freude.

Häufig ist es eine Frage der persönlichen Einstellung und Erwartungen, ob und wie wir auf Begebenheiten reagieren, ob wir uns freuen, ärgern oder Verachtung empfinden. Unsere Umgebung reagiert auch auf uns. Drücken wir Freude oder angenehme Überraschung unmittelbar aus, so ist die Wahrscheinlichkeit groß, dass wir Verständnis ernten und sich jemand mit uns mitfreut. Erfüllen sich unsere Erwartungen nicht, sind wir enttäuscht

---

[44] Ekman Paul (2010)

oder ärgern uns lautstark, so werden wir möglicherweise auf Unverständnis, vielleicht Ablehnung treffen.

Was können wir tun, wenn wir spüren, dass unsere Emotionen uns fest im Griff haben, hochkochen oder eine gehetzte, gedrückte, belastend nachdenkliche Stimmung uns nicht mehr klar und frei denken und handeln lassen?

8.2. **Atemübung – Die Wirkung der Atmung**

Atemübungen gehören zu den hilfreichsten und nebenwirkungsfreien „Beruhigungsmitteln“. Ich habe sie bereits in Kapitel 6 zum Thema Verstand näher erläutert. Unser vegetatives Nervensystem besteht aus zwei Hauptnerven, dem Sympathikus (auch Stress- oder Erregungsnerv genannt) und dem Parasympathikus (Entspannungsnerv). Es steuert automatisch all unsere Organe und Organsysteme, die wir willentlich nicht beeinflussen können wie z. B. Herzschlag, Atmung, Verdauung, Immunsystem. Bewusstes, achtsames Atmen (tiefe Bauchatmung) wirkt direkt auf das vegetative Nervensystem indem es den Parasympathikus unterstützt und stärkt und trägt so zur unmittelbaren Beruhigung bei. Mit einem ruhigen, gleichmäßigen Atemrhythmus beruhigt sich meist auch der Herzschlag. Wer aufmerksam auf seinen Körper achtet, spürt wie ein in der emotionalen Erregung beschleunigter Herzschlag durch bewusste Atmung wieder ruhiger wird. Vermindern sich emotionale Erregung und Stress, gelingt es wieder, klar zu denken. Atemübungen können immer und überall – von anderen unbemerkt – gemacht werden. Auch mitten in einer bewegten Besprechung! Oder ganz allein für sich vor einem bedeutenden Ereignis, wo es wichtig ist, ruhig, besonnen und kompetent aufzutreten. Die Beschreibung der Übung „Atemrhythmus“ erfolgte schon weiter oben in Kapitel 6.2.1.

8.3. Aktivieren der Thymusdrüse

Die Thymusdrüse gehört zum lymphatischen System und ist ganz wesentlich am Aufbau und der Stärkung des menschlichen Immunsystems beteiligt. In der Thymusdrüse werden aus dem Knochenmark eingewanderte, noch unreife T-Lymphozyten (Abwehrzellen) zu reifen, immunkompetenten umgewandelt.[45] Sie lernen zwischen körpereigenen und körperfremden Zellen zu unterscheiden, um im Bedarfsfall körperfremde Zellen abzuwehren.

Sind wir nervös, angespannt, gedrückter Stimmung oder müde, kann ein Klopfen der Thymusdrüse hilfreich sein. Das Klopfen der Thymusdrüse verbessert unsere Stimmung, trägt zur Entspannung und Lebensfreude bei, reduziert Stress, steigert die Immunabwehr und sorgt für Zentriertheit und Ausgeglichenheit.

Diese Klopftechnik hat Ihren Ursprung in den Emotional Freedom Techniques (EFT), einer therapeutischen Klopf-Akupressur-Methode, die in den 1980-er Jahren in den USA entwickelt wurde. Sie fußt auf Erkenntnissen der Traditionellen Chinesischen Medizin und geht von der Grundannahme aus, dass jedes negative Gefühl (körperlich wie emotional) seine Ursache in der Störung des körpereigenen Energiesystems hat. Durch Klopfen der entsprechenden Akupressurpunkte kann über das körpereigene Meridiansystem wieder ein Gleichgewicht hergestellt werden.[46]

---

[45] Speckmann, Wittkowski (2015)
[46] Marx Susanne (2016)

Die Übung funktioniert folgendermaßen:

- Klopfen Sie mehrmals täglich ca. eine Minute lang sanft mit der Faust oder den Fingerspitzen auf die Thymusdrüse. Diese sitzt etwa 4 Finger breit unter der Halsgrube hinter dem Brustbein in der Mitte des Brustkorbs.
- Klopfen Sie so lange, bis Sie einen tiefen Atemzug machen müssen. Dies ist in der Regel ein Zeichen dafür, dass sich etwas gelöst hat.
- Während dem Klopfen können Sie gegebenenfalls einen stärkenden Satz (Affirmation) sagen.

Besonders hilfreich ist das Klopfen der Thymusdrüse vor einem wichtigen Auftritt (Vortrag, Gespräch, Verhandlung, Prüfung, ...).

8.4. **Antreiber minimieren, Erlauber finden**

Vielleicht kennen Sie das: Sie fühlen sich – aus Ihrem Inneren heraus – angespornt, etwas tun zu müssen, oder ein entsprechendes Verhalten an den Tag zu legen. Ihre inneren Antreiber sind aktive und höchst wirkungsvolle Motivatoren. Nicht immer sind sie dienlich, manchmal sogar hinderlich. Werfen wir einen Blick auf das Modell der inneren Antreiber, das ursprünglich aus dem Konzept der Transaktionsanalyse stammt. Die inneren Antreiber sind ein Modell für innere Steuerungsmuster, die unser Denken, Fühlen und Verhalten beeinflussen. Meist entstehen diese Muster schon in der Kindheit, wo wir von der Zuwendung wichtiger Bezugs-personen abhängig sind und über feine Antennen verfügen, um wahrzunehmen, mit welchem Verhalten wir Zuwendung, Liebe und Anerkennung bekommen. Je nachdem in welchem Umfeld wir aufwachsen, werden unterschiedliche Erwartungen an uns gestellt und wir etablieren entsprechend unterschiedliche Verhaltensmuster. Aus diesen entwickeln sich schließlich unbewusst unsere persönlichen inneren Antreiber, die wie

Stimmen äußerer Autoritäten (Eltern, Lehrer, wichtige Bezugspersonen) beschrieben werden können. Wer beispielsweise in einem Umfeld aufwächst, wo besonderer Wert auf Pünktlichkeit gelegt und Unpünktlichkeit geahndet wird, entwickelt wahrscheinlich die inneren Antreiber „Sei pünktlich!“ oder „Beeil dich!“

Diese Antreiber beeinflussen unser Leben unbewusst und haben zwei Seiten: zum einen sind sie wichtige und wertvolle Motivatoren, die uns im Leben dazu verhelfen, weiterzukommen, etwas zu erreichen, eine Ausbildung fertig zu machen, Verantwortung zu übernehmen, ein Buch zu schreiben usw.

Die Kehrseite ist, wenn diese Antreiber unser Leben streng beherrschen, verursachen sie sehr viel Stress. Gerade in Stresssituationen, wo wir häufig und automatisch auf gut eingeübte Verhaltensmuster zurückgreifen (siehe Kapitel 2.4.), wirken sie als Stressverstärker – sie sind ja auch schon lange genug unsere gut eingeübten „Begleiter“. Es ist daher wichtig, die eigenen inneren Antreiber zu kennen und zu reflektieren, wann sie für uns hilfreich sind und in welchen Situationen sie uns eher im Wege stehen. Ist letzteres der Fall, sollten wir selbst das Kommando über unser Wirken übernehmen und unsere Antreiber zügeln.

Der amerikanische Transaktionsanalytiker Taibi Kahler[47] hat fünf Hauptantreiber definiert, die typisch für die Selbststeuerung des Menschen sind:

---

[47] auf Deutsch in Kälin Karl, Müri Peter (2000)

Antreiber	Botschaft dahinter	Ziel
„Sei stark!“	Beiß die Zähne zusammen! Zeig keine Gefühle! Bewahre immer Haltung!	Sicherheit gibt es nur in der Unabhängigkeit. Abhängigkeit und Verletzlichkeiten müssen deshalb vermieden werden. positiver Aspekt: kraftvoll
„Sei perfekt!“	Mach bloß keine Fehler!	Nur maximale Kontrolle über Dinge und Menschen verschafft Anerkennung. Fehler sind deshalb unbedingt zu vermeiden! positiver Aspekt: Sinn für Vollkommenheit
„Streng dich an!“	Müh‘ dich bis zum Letzten ab! Nur Schweres ist wertvoll!	Nur größte Anstrengung kann Erfolg sichern! positiver Aspekt: Durchhalte- und Beharrungsvermögen!
„Sei gefällig!“	Sei immer liebenswürdig! Mach es allen recht!	Nur wenn man es allen recht macht, bekommt man Zuwendung. Deshalb darf man nie nein sagen! positive Aspekte: Sensibilität und Achtsamkeit
„Sei schnell!“	Sei immer auf Trab! Beeil dich!	Schnell machen, damit man nichts Wichtiges verpasst! positive Aspekte: hohe Aktivitäts- und Leistungsbereitschaft

Im Anhang finden Sie den Antreiber-Test mit 50 Fragen, wo Sie prüfen können, ob und welche Antreiber in Ihrem Denken, Fühlen und Verhalten mitunter das Ruder übernehmen.

Wie gelingt es Ihnen, die Wirkungskraft Ihrer Antreiber zu minimieren – zumindest in Situationen, wo sie als Stressverstärker agieren und für Ihr Denken, Fühlen und Handeln wenig hilfreich sind? Überlegen Sie sich „Erlauber", welche die Strenge der Antreiber mildern. Wenn es Ihnen alleine nicht gelingt, machen Sie es gemeinsam mit einem Menschen, den Sie sehr schätzen und der Sie gut kennt. Notieren Sie diese Erlauber, lesen Sie sie immer wieder oder sagen Sie sich die Erlauber immer wieder vor (auch diese wollen gut eingeübt werden!) Wichtig ist, dass Sie wirklich daran glauben! Unten finden Sie einige Beispiele dafür:

Antreiber	Erlauber
„Sei stark!"	Ich darf um Hilfe bitten. Deshalb verliere ich nicht mein Gesicht. Ich darf Gefühle zeigen.
„Sei perfekt!"	Ich darf Fehler machen. Fehler sind menschlich. Ich gebe, soweit ich kann, mein Bestes. Das reicht. Ich bin gut genug, genauso wie ich bin.
„Streng dich an!"	Ich weiß, wo meine Grenzen sind und achte darauf. Ich gehe sinnvoll mit meiner Kraft um.
„Sei gefällig!"	Ich kann es nicht allen recht machen. Ich achte auf mich selbst. Ich bin auch wichtig.
„Sei schnell!" „Beeil dich!"	Ich darf mir die Zeit nehmen, die ich brauche. Ich darf auch Pausen machen.

8.5. **Das mentale Wohnzimmer**

Das mentale Wohnzimmer ist eine wunderbare Übung, um sich emotional und mental wieder in eine positive Stimmung zu versetzen. Stellen Sie sich vor, Sie sind gedanklich noch bei einer Sache, über die Sie sich ärgern oder unzufrieden sind, und Sie nehmen diese Stimmung in ein für Sie wichtiges Ereignis mit (beruflich oder auch privat)! Es wird sich als wenig vorteilhaft erweisen. Vor wichtigen Ereignissen ist es daher wichtig, sich in einen positiven Zustand zu bringen und negative Erfahrungen hinter sich zu lassen. Sie sind Vergangenheit, Sie können sie im Nachhinein nicht mehr ändern. Sind Sie gedanklich aber noch bei dieser ganz anderen Sache, über die Sie sich ärgern, so tragen Sie diese Stimmung in die nächste Situation mithinein, wo sie hinderlich sein wird (etwa in eine Besprechung, zu einem Arztbesuch, etc.). „Das mentale Wohnzimmer" ist ein hilfreiches Ritual, wie Sie sich selbst in einen positiven Zustand bringen können.

„Das mentale Wohnzimmer"[48] – Übung:

- Steht beruflich oder privat etwas Wichtiges an und Sie ärgern sich noch gerade über ein Ereignis, gehen Sie folgendermaßen vor:
- Die Türschwelle Ihres Arbeitszimmers/Wohnzimmers (oder eines anderen Raumes) ist die Linie Ihres „mentalen Wohnzimmers", ab der Sie beschließen, den Ärger im Raum zurück zu lassen.
- Den Flur benutzen Sie dazu, sich in einen positiven Zustand zu bringen durch
  - Atemfokussierung (z. B. Übung „Atemrhythmus")
  - Erfolgsvisualisierung (Sie erinnern sich an Ihr erfolgreiches Handeln in einer ähnlichen Situation und stellen sich diese vor)
  - positive Gedanken

[48] Heimsoeth Antje (2016)

- Affirmationen (siehe Punkt 6.2.4.)
- Abrufen eines Ankers (siehe Punkt 8.6.), eine Bewegung oder bewusstes Aufrichten Ihres Körpers

Beim Verlassen des mentalen Wohnzimmers kommen Sie also in die Gegenwart zurück. Das Analysieren und Ärgern bezieht sich auf ein Ereignis in der Vergangenheit, das Sie nicht mehr ändern können. Das Ereignis, das vor Ihnen liegt, können Sie sehr wohl positiv beeinflussen! Konzentration auf die Atmung, positive Gedanken, Erfolgsvisualisierung, Affirmationen oder ein bewusstes Aufrichten Ihrer Körperhaltung bringen Sie ins Hier und Jetzt, wo Sie handeln können.

8.6. **Positive Ressourcen sammeln und ankern (Ankertechnik)**

Ressourcen sind in diesem Zusammenhang positive Erfahrungen und Erlebnisse, Kenntnisse und Fähigkeiten, die in uns schlummern und/oder an die wir uns richtig gut und gern erinnern können. Erfolgserlebnisse, wie schon weiter oben (7.3.) beschrieben, stellen wichtige Kraftquellen dar. Für die Ankertechnik ist es wichtig, dass diese Erinnerungen und Ressourcen rein und intensiv positiv besetzte Erfahrungen sind (z. B. die Erinnerung wie Sie an einem klaren, sonnigen Wintertag mit tiefblauem Himmel auf Schi durch glitzernden Pulverschnee gleiten). Mit der Erinnerung sind Bilder, Geräusche/Töne, eventuell Düfte oder Geschmack und ganz bestimmt positive, stärkende Gefühle verbunden. Sie sehen den Pulverschnee in der Sonne glitzern, den tiefblauen Himmel und das Winterpanorama im Sonnenlicht, riechen die frische, kristallklare Luft, hören den Fahrtwind an sich vorbeiziehen und spüren die Leichtigkeit, Lebendigkeit und Freude, während Sie genussvoll durch den Schnee gleiten. Wenn Sie sich daran erinnern, dann erleben Sie die Situation in Gedanken und im Fühlen noch einmal.

Beim Ankern geht es nun darum, die positiven Erinnerungen und vor allem die damit verbundenen positiven Emotionen so abzuspeichern, dass wir sie jederzeit – wann immer wir sie benötigen – abrufen können. Je intensiver die Erinnerung, desto besser. Wie funktioniert diese Technik?

Wahrscheinlich ist Ihnen die Geschichte von den Pawlow'schen Hunden bekannt. Der Verhaltensforscher Ivan Pawlow untersuchte Reiz-Reaktions-Kopplungen auf folgende Weise: Während er die Hunde mit Fleisch fütterte, läutete er gleichzeitig eine Glocke. Eine natürliche Reaktion von Hunden auf Nahrung ist das Auslösen von Speichelfluss. Nachdem er die Hunde über einen längeren Zeitraum hindurch immer mit dem Läuten der Glocke gefüttert hatte, ließ Pawlow die Nahrung weg. Die Hunde reagierten beim Ertönen der Glocke mit Speichelfluss, waren also auf den Reiz des Glockenläutens konditioniert. Pawlow nannte dies einen bedingten Reflex, der einen Reiz erfordert und angelernt ist. (Für seine Arbeit darüber erhielt er 1904 den Nobelpreis).

Sie selbst kennen vielleicht „Musik-Anker": Das Hören Ihres Lieblingsliedes versetzt Sie in eine positive Stimmung.

Diese Technik des Konditionierens, das Verknüpfen von inneren Zuständen mit äußeren Reizen, nützt man beim Ankern von positiven Ressourcen. Möchten Sie zum Beispiel ein Gefühl der Ruhe und Gelassenheit ankern, um dieses in Stresssituationen abrufen zu können, suchen Sie als erstes nach einer besonders intensiven, positiv besetzten Erinnerung, wo Sie Ruhe und Gelassenheit, eventuell Sicherheit und Stärke verspürt haben. Überlegen Sie auch, welche Art von Anker Sie setzen möchten. Besonders gut wirksam sind kinästhetische Anker – Berührungs- oder Bewegungsanker. (Berührungsanker sollten an einer Körperstelle gesetzt werden, wo Sie sich sonst nicht unbedingt berühren.)

Anker-Technik:

- Erinnern Sie sich möglichst intensiv an eine konkrete positive Erfahrung, um den gewünschten Zustand hervorzurufen (z. B. Gelassenheit, Zuversicht, Freude, ...).
- Kurz vor oder direkt am Höhepunkt der intensiven Erinnerung üben Sie den äußeren Reiz aus (Berührung an einer bestimmten Körperstelle, bestimmte Körperhaltung oder eine Bewegung).
  Der äußere Reiz des Berührungsankers sollte so gewählt werden, dass die Körperstelle für Sie gut erreichbar ist, Sie diese aber nur dann berühren, wenn Sie Ihren Anker speichern bzw. abrufen möchten.
- Achten Sie beim Berührungsanker darauf, mit welchem Druck Sie die Berührung ausüben.
- Danach lenken Sie sich ab, tun Sie kurz etwas ganz anderes.
- Testen Sie den Anker, indem Sie die Stelle berühren (Berührungsanker), die Haltung einnehmen oder die Bewegung machen (Bewegungsanker).

8.7. **Rituale**

Gerald Hüther[49], einer der bedeutendsten Hirnforscher im deutschsprachigen Raum, schätzt bewusst gestaltete Rituale als wichtige Kraftquellen. Rituale strukturieren den Tag, ordnen Abläufe unseres Lebens, ermöglichen Momente des Innehaltens und helfen, Sicherheit, Ruhe und Geborgenheit zu finden. Sie synchronisieren die Nervenzellen und tragen dazu bei, dass die Informationen wieder geregelt fließen. Damit entfalten sie eine wichtige Wirkung in der Stressbewältigung.

[49] Hüther Gerald (2012)

Häufig haben wir in unserer Kindheit und Jugend Rituale erlebt, die uns Sicherheit und Geborgenheit boten: gemeinsames Abendessen in der Familie, Vorlesen eines Buches vor dem Schlafengehen, Abklatschen, wenn beim Volleyball ein Punkt gemacht wurde und viele andere. Sicher haben Sie auch später regelmäßig Dinge gemacht, die Ihnen Sicherheit und Struktur gaben. Es lohnt sich, zu überlegen, welche Rituale Sie aufleben lassen können, um Kraft zu tanken und Stress gelassener zu meistern.

Rituale – Übung:

- Welche Rituale gab es/gibt es in Ihrem Leben? Welche Rituale möchten Sie wieder in Ihr Leben integrieren?
- Welches „Start-in-den-Tag-Ritual“ oder „Tagesabschluss-Ritual“ könnte Ihnen den Übergang von der Arbeit ins Privat- und Freizeitleben bzw. umgekehrt erleichtern?
- Wie können Sie sich sammeln und Kraft tanken bzw. wie können Sie am Ende des Tages „herunterfahren“?
- Welche Rituale haben Sie im Laufe der Zeit unter den Tisch fallen lassen und könnten Sie wieder zum Leben erwecken?

Ein schönes (sommerliches) „Start-in-den-Tag-Ritual“ könnte sein, die erste Tasse Kaffe/Tee noch im Pyjama und barfuß durch den Garten spazierend zu genießen. Sie atmen dabei die frische Morgenluft ein, spüren die ersten Sonnenstrahlen auf der Haut und den Tau zwischen den Zehen. Frisch und gestärkt starten Sie so in Ihren Tag.

9. Körper – die physische Energie stärken

Gesundheit, Wohlbefinden, Stimmung, körperliche wie geistige Leistungsfähigkeit und vieles mehr im Leben hängen zu einem sehr großen Teil davon ab, wie wir mit unserem Körper umgehen. Eine Ernährung, die reich an Vitalstoffen ist, und ausreichend Bewegung wirken sich nicht nur auf das körperliche Wohlbefinden und unsere Leistungsfähigkeit aus, sondern beeinflussen auch unsere Stimmung! Woraus bezieht der Körper seine Energie? Im Wesentlichen greift er auf folgende Quellen zurück: ausgewogene Ernährung, ausreichend Bewegung, Pausen zur Erholung, genügend Schlaf und Entspannung. Diese Quellen sorgsam zu pflegen und zu nähren unterstützt ganz wesentlich dabei, mit Belastungen besser umzugehen.

9.1. Ernährung

Wie wichtig eine ausgewogene Ernährung – vorzugsweise aus frischen, regionalen Lebensmitteln – ist, zeigt allein schon der Energieverbrauch unseres Gehirns. Rund 20 % der durch Nahrung und Flüssigkeit zugeführten Energie verbraucht allein unser Gehirn.[50] Es ist als Steuerzentrale unseres gesamten Körpers ein regelrechter Energiefresser und muss regelmäßig gut versorgt werden. Auch unser restlicher Körper benötigt für einen funktionierenden Stoffwechsel zur Erhaltung seiner mannigfaltigen Funktionen ausreichend wertvolle Nährstoffe und Flüssigkeit. In belastungsstarken Zeiten ist es besonders wichtig, auf eine

---

[50] https://www.welt.de/wissenschaft/article4505535/Denken-benoetigt-weniger-Energie-als-gedacht.html

geeignete Energie- und Nährstoffversorgung zu achten, um den Belastungen standzuhalten.

9.1.1. Flüssigkeit

Der Körper eines Erwachsenen besteht durchschnittlich zu etwa 60%[51] aus Wasser, abhängig von Alter, Geschlecht, Körperbau, Sportlichkeit und Anteil an Muskelgewebe. Wasser ist an fast allen chemischen und physikalischen Prozessen im Körper beteiligt. Körperflüssigkeiten wie Blut haben einen enorm hohen Wasseranteil, ebenso wie die Zellen des Muskelgewebes.[52] Eine mangelhafte Flüssigkeitszufuhr kann schwerwiegende körperliche Folgen nach sich ziehen und temporär die Hirnfunktion stören. Sie wirkt sich auch auf unsere mentale Leistungsfähigkeit aus – wir werden müde und geistig träge. Für eine optimale Versorgung des Körpers werden zwei Liter Flüssigkeit pro Tag empfohlen. Geeignete Flüssigkeitslieferanten sind kohlensäurefreie Mineralwässer, stark verdünnte Fruchtsäfte sowie ungesüßter Kräuter- oder Früchtetee. Als ungeeignet erweisen sich Alkohol, Kaffee und stark gesüßte Getränke aufgrund ihres hohen Zuckeranteils.

9.1.2. Komplexe Kohlenhydrate

Glukose (Einfachzucker) ist der kleinste Baustein der Kohlenhydrate, die im Körper zu Zucker umgewandelt werden. Unser Gehirn benötigt ausreichend Glukose für seine Energieversorgung, damit alle von ihm ausgehenden Steuerungsprozesse einwandfrei funktionieren. Es kann

[51] Speckmann, Wittkowski (2015)
[52] https://vidagesund.de/wasseranteil/

Glukose aber nicht speichern und muss daher laufend mit Nachschub versorgt werden. Komplexe Kohlenhydrate (Vielfachzucker/ Polysaccharide) stellen dafür besonders wertvolle Energielieferanten dar, da sie vom Organismus aufgrund ihrer komplexen Struktur nur langsam zu Glukose verarbeitet werden und zeitverzögert zur Verfügung stehen.[53] Sie halten den Blutzuckerspiegel über längere Zeit konstant und die Glukose kann über die Blut-Hirn-Schranke[54] langsam und gleichmäßig an unser Gehirn abgegeben werden. Damit bleiben wir auch intellektuell über einen langen Zeitraum leistungsfähig und belastbar. Nehmen wir zu viele Kohlenhydrate auf, die nicht verwertet werden (z. B. zu viel Haushaltszucker/Disaccharide in Süßspeisen, stark gesüßte Getränke), dann speichert der Körper diese Form der Energie als Fett im Gewebe.

Wertvolle komplexe Kohlenhydrate sind vielfach als Stärke in den Nahrungsmitteln eingelagert und vor allem in folgenden Lebensmitteln enthalten:

- Vollkornprodukte (z. B. Vollkornbrot)
- Getreide wie Hafer, Dinkel, Weizen, Gerste, Roggen, etc.
- Hülsenfrüchte (Bohnen, Linsen)
- grünes Gemüse und Salat (z. B. Kohl, Broccoli, Zucchini, Paprika, Rucola, Kopfsalat, ...)
- Obst – vor allem Beerenobst

Um leistungsfähig, widerstandsfähig und belastbar zu sein, ist es wichtig, auf eine ausreichende Versorgung mit wertvollen komplexen Kohlehydraten zu achten.

---

[53] https://www.med.de/gesundheit/ernaehrung/kohlenhydrate/komplexe-kohlenhydrate.html
[54] https://viamedici.thieme.de/lernmodule/biochemie/nervengewebe+stoffwechsel

9.1.3. Vitamine

Vitamine[55] sind lebensnotwendig und für den Menschen unentbehrlich. Sie sind an unzähligen lebensspendenden und –erhaltenden Reaktionen und Stoffwechselprozessen in unserem Körper beteiligt. Zellstoffwechsel und Zellwachstum, Aufbau von Knochen, Zähnen und Muskeln, Funktion unserer Nerven, körperliche und geistige Leistungsfähigkeit, Sehkraft, Immunsystem und für vieles andere mehr sind Vitamine essentiell.

Fast alle Vitamine müssen mit der Nahrung aufgenommen werden. Eine Ausnahme bilden lediglich Vitamin D, das mit Hilfe von Sonnenlicht vom Körper selbst hergestellt werden kann sowie Vitamin K und einzelne B-Vitamine, die beim Erwachsenen von Darmbakterien[56] produziert werden. Die Vitamine A, D, E, K zählen zu den fettlöslichen Vitaminen; unser Organismus kann sie nur in Verbindung mit (geringen Mengen) an Fett bzw. hochwertigen Ölen aufnehmen. Die verschiedenen B-Vitamine sowie das Vitamin C sind wasserlöslich.

Vitamine, Mineralstoffe und Spurenelemente stehen in unserem Körper in vielfältiger und äußerst komplexer Wechselwirkung. Sie können ihre Wirkung häufig nur im Verbund mit anderen Vitalstoffen voll entfalten. Sie sind an unzähligen Prozessen beteiligt und ein Mangel kann daher vielfältige negative Auswirkungen nach sich ziehen. Bei Stress sind Verbrauch und Bedarf an Vitaminen erhöht, was sich durch Reizbarkeit, Müdigkeit und mangelnde Konzentration äußert.

---

[55] Knieriemen Heinz (2017)
[56] Speckmann, Wittkowski (2015)

Die Vitamine C und E gelten als wichtige Antioxidantien, sie schützen unsere Zellen vor freien Radikalen. Freie Radikale sind unvollständige (es fehlt ihnen ein, mitunter auch mehrere Elektronen) und daher instabile sauerstoffhaltige Moleküle, die innerhalb kürzester Zeit nach ihrer Bildung an andere Zellen „andocken", um sich das fehlende Elektron zu „rauben", was zu diversen Schädigungen führt. Antioxidantien geben den freien Radikalen „freiwillig" und leichter als andere Zellen das fehlende Elektron ab, nehmen ihnen damit ihre Reaktionsfreudigkeit und schützen auf diese Weise die Zellwände.

Die ideale Versorgung unseres Körpers mit Vitaminen erfolgt über eine möglichst abwechslungsreiche Ernährung mit hochwertigen, frischen, idealerweise regionalen Lebensmitteln aus nachhaltig biologischer Landwirtschaft.

Nachstehend ein kurzer Überblick über das Vorkommen einiger wesentlicher Vitamine in Lebensmitteln:

Vitamin A (Retinol): Karotten, Grünkohl, Leber, Salat, Spinat, Ei, Käse

Vitamin B-Komplex: wichtiger Lieferant für B-Vitamine ist Bierhefe

Vitamin B_1 (Thiamin): Vollkornprodukte, Weizenkeime, Getreide, Fleisch, Fisch, Kartoffeln

Vitamin B_6 (Pyridoxin): Fisch, Fleisch, Gemüse, Obst, Walnüsse, Avocados

Vitamin B_9 (Folsäure): Blattgemüse, grünes Gemüse, Leber, Getreide, Kartoffeln

Vitamin B_{12} (Cobalamin): Leber, Fisch, Fleisch, Ei

Vitamin C (Ascorbinsäure): frisches Obst und Gemüse

Vitamin E: Pflanzenöle, Nüsse, Sojabohnen, Fisch, Vollkorn

Viele Vitamine sind empfindlich gegen Licht, Sauerstoff, Hitze und Feuchtigkeit, deshalb sollte man die Lebensmittel möglichst frisch verzehren anstatt sie lange zu lagern.

9.1.4. Mineralstoffe und Spurenelemente

Mineralstoffe und Spurenelemente übernehmen essentielle Funktionen im Körper, ohne die wir nicht leben könnten. Sie sind maßgeblich am Aufbau und der ständigen Erneuerung von Knochen und Zähnen beteiligt und sorgen für die richtigen Druckverhältnisse (osmotischer Druck) des Blutes und anderer Körpersäfte. Sie schaffen bestimmte Löslichkeitsbedingungen (Elektrolythaushalt), die für elektrische Ströme leitfähig sind und auch die feinsten Nervenimpulse auslösen können. Gemeinsam mit Vitaminen und Enzymen wirken sie bei vielen Stoffwechselvorgängen und Organfunktionen mit und bilden als Bestandteil von Coenzymen Katalysatoren. Allein der Mineralstoff Magnesium ist Bestandteil von mehr als 300 Enzymen. [57] (Enzyme sind biologische Katalysatoren, die biologische Prozesse im Körper kontrollieren und beschleunigen wie beispielsweise die Verdauung. Coenzyme sind Teilstücke von Enzymen, die von Nahrungsbestandteilen geliefert werden. Vitamine, Mineralstoffe und Spurenelemente können als Coenzyme reagieren, werden beim Prozess verbraucht und müssen daher ständig nachgeliefert werden.)

Die Leistung unseres Gehirns wird maßgeblich von Mineralstoffen und Spurenelementen beeinflusst: Eisen ist beispielsweise wichtig für den Sauerstofftransport des Blutes und erhöht die Konzentrationsfähigkeit. Magnesium ist maßgeblich am Energiestoffwechsel sowie an der

[57] Knieriemen Heinz (2017)

Reizübertragung an den Nervenzellen beteiligt und beugt Nervosität, Stress und Unruhe vor. Calcium baut nicht nur Knochen und Zähne auf sondern sorgt für eine gute Durchblutung und ist wichtig für die Übertragung von Nervenimpulsen. Zink stärkt unser Immunsystem. Dies sind nur einige wesentliche Funktionen der Mineralstoffe und Spurenelemente, deren Bedarf sich bei Stress erhöht.

Nachstehend sind einige Lebensmittel als Quellen der oben genannten Stoffe angeführt:

- Eisen: Schweineleber, Kürbiskerne, Sesam, Linsen, Bohnen, Haferflocken, Mandeln, schwarze Johannisbeere
- Magnesium: Weizenkleie und -keime, Sonnenblumenkerne, Gerste, Vollreis, Nüsse, Mandeln, Linsen, Spinat
- Calcium: Sesamsamen, Hartkäse, Sojabohnen, Bierhefe, Sardinen, Grünkohl, Nüsse, Milch, Joghurt, Aprikosen
- Zink: Weizenkeime, Kürbiskerne, Schweineleber, Linsen, Bohnen, Vollkorn, Eier

9.1.5. Eiweiß - Aminosäuren

Eiweiße (Proteine) sind grundlegend notwendig für den Aufbau von Zellstrukturen und die Erhaltung der Zellfunktionen.[58] Aminosäuren sind die Bausteine von Eiweiß und für die Stoffwechselvorgänge im menschlichen Organismus unentbehrlich. Sie sind wichtig für Transport und Speicherung von Nährstoffen, dienen dem Aufbau unserer Körpergewebe (Muskeln, Organe, etc.), entfalten als Hormone vielfältige Wirkungen und sind als

---

[58] Speckmann, Wittkowski (2015)

Neurotransmitter (Botenstoffe) für die chemische Signalübertragung zwischen den Nervenzellen zuständig.

Aminosäuren, die unser Körper nicht selbst herstellen kann, nennt man essentielle Aminosäuren, bisher sind acht bekannt: Valin, Methionin, Leucin, Isoleucin, Phenylalanin, Tryptophan (Vorbote des „Glückshormons" Serotonin) Threonin und Lysin.[59] Sie müssen regelmäßig mit der Nahrung aufgenommen werden. Andere Aminosäuren kann unser Körper selbst synthetisieren. In Stresssituationen hat unser Körper einen erhöhten Bedarf.

Folgende Lebensmittel sind wertvolle Eiweißlieferanten:

- Hülsenfrüchte wie Sojabohnen, Erbsen
- Eier
- Milchprodukte
- Nüsse
- Fisch und mageres Fleisch
- Vollkorn
- verschiedene Samen und Sprossen

Ein Zuviel an Eiweiß belastet die Nieren. Nach heutigem Wissensstand wird empfohlen, dass unsere tägliche und abwechslungsreiche Mischkost – bestehend aus frischen Lebensmitteln – bis zu 15 % aus Eiweiß[60] bestehen soll. Das ist ausreichend zur Deckung des Eiweißbedarfs. Der Körper baut

---

[59] https://de.wikipedia.org/wiki/Aminos%C3%A4uren#Essentielle_Aminos%C3%A4uren
http://www.aminosaeure.com/aminosaeuren-und-ihre-anwendungsgebiete/

[60] Speckmann, Wittkowski (2015)

einen Überschuss zu Harnstoff ab, der über die Nieren ausgeschieden wird.

9.1.6. Essentielle Fettsäuren

Neben den bereits oben genannten Nährstoffen benötigt unser Körper noch Fettsäuren zum Leben. Fettsäuren stellen Ketten von Kohlenstoff-Atomen dar, an die Wasserstoff gebunden ist. Sind nicht alle Bindungsstellen mit Wasserstoff besetzt, spricht man von ungesättigten Fettsäuren[61], die für unsere Ernährung wertvoller sind. Die meisten Fettsäuren kann unser Körper selbst herstellen, mit Ausnahme von essentiellen Fettsäuren, die mit der Nahrung zugeführt werden müssen. Im Detail handelt es sich dabei um die mehrfach ungesättigten Fettsäuren Linolsäure (Omega-6-Fettsäure) und Alpha-Linolensäure (Omega-3-Fettsäure). Essentielle Fettsäuren sind am Aufbau von Zellmembranen beteiligt und steuern viele lebenswichtige Prozesse im menschlichen Organismus. Sie halten Zellmembranen flexibel und wirken quasi als „Schmiermittel" in unserem Gehirn – sie sind also für unsere Gehirnleistung enorm wichtig. Außerdem wirken sie entzündungshemmend und haben einen positiven Effekt auf viele altersbedingte Krankheiten.

Unsere heutige Nahrung (z. B. Margarine, Sonnenblumenöl etc.) enthält bereits einen sehr großen Anteil an Omega-6-Fettsäuren, während der Anteil an Omega-3-Fettsäuren eher gering ist. Das Verhältnis Omega-6 zu Omega-3-Fettsäuren beträgt durchschnittlich 15:1, mitunter bis zu 20:1. Daher ist bei der Nahrungsaufnahme insbesondere auf die Aufnahme von

---

[61] Speckmann, Wittkowski (2015)

ausreichend Omega-3-Fettsäuren zu achten. Einen hohen Anteil dieser essentiellen Fettsäure verzeichnen folgende Lebensmittel:

Omega-3-Fettsäuren: Leinöl, Leinsamen, Kaltwasserfische wie Hering, Makrele, Lachs

Unraffiniertes, biologisch erzeugtes Leinöl hat mit ca. 55 % Gehalt den höchsten Anteil an Omega-3-Fettsäuren überhaupt.[62]

9.2. **Bewegung**

Bewegung ist außerordentlich wichtig für die Erhaltung unserer Vitalität und Gesundheit und darüber hinaus essentiell bei der Bewältigung und Verarbeitung von Stress. Bewegung verbessert die Sauerstoffversorgung unseres Körpers, stärkt das Herz-Kreislaufsystem, die Skelettmuskulatur sowie die Knochenbildung. Unser Gehirn profitiert ebenso, da die Synapsen (Verbindungen) zwischen den Nervenzellen nicht nur durch Erfahrungen sondern auch durch Bewegung verändert und gefördert werden. Bewegung und eine ausreichende Versorgung mit Sauerstoff stärken die Nervenzellen und steigern Gehirnleistung, Konzentrations- sowie Reaktionsfähigkeit. Bewegung wirkt somit auch vielen altersbedingten Leiden wie Osteoporose und Demenz entgegen – um nur zwei zu nennen.

Bei Stress produziert die Nebenniere Cortisol, um unseren Körper bereit für Kampf oder Flucht zu machen – dies ist nach wie vor eines der „alten" Muster, die von unserem Stammhirn gesteuert werden. Gleichzeitig werden Atmung und Puls beschleunigt und Adrenalin sowie Noradrenalin freigesetzt, um die „Gefahrensituation" (Stress) bestmöglich bewältigen zu

[62] https://www.zentrum-der-gesundheit.de/fettsaeuren-ia.html

können. Cortisol blockiert unser konzentriertes Denken (bei Gefahr müssen wir instinktiv und reflexartig handeln können) und auf längere Sicht wirkt sich ein erhöhter Cortisolspiegel negativ auf unser Immunsystem und die Organgesundheit aus.[63]

Sport und Bewegung unterstützen den Abbau der bei Stress ausgeschütteten Hormone Cortisol, Adrenalin und Noradrenalin. Der Körper schüttet in Reaktion auf Bewegung stressabbauende und stimmungsaufhellende Stoffe, sogenannte Endorphine, aus. Die vegetativen Reaktionen wie Anstieg der Herzfrequenz und Blutdruck fallen mit der Zeit weniger stark aus, weil der Körper weniger Stresshormone bildet. Wer regelmäßig Sport betreibt, erhöht seine psychische und physische Widerstandsfähigkeit.[64]

Bewegung muss nicht immer Sport sein. Auch regelmäßiges Spazierengehen, Walken in der Natur (z. B. im Wald), Tanzen und vieles andere mehr, all dies unterstützt den Abbau von Stress und stärkt unsere allgemeine Widerstandskraft. Tanzen (gilt mitunter auch als Sport) fördert zudem auch unsere Koordinations- und Konzentrationsfähigkeit. Tanzen wir zu unserer Lieblingsmusik wirkt dies nicht nur entspannend und wohltuend, sondern der Körper schüttet auch die stärkenden Glückshormone aus.

Bewegung kann gut in den Alltag eingebaut werden. Nehmen Sie die Treppe anstelle des Lifts, parken Sie nicht direkt vor der Tür Ihres Ziels sondern in einiger Entfernung und gehen ein Stück zu Fuß. Stehen Sie

---

[63] https://www.netzathleten.de/gesundheit/ratgeber-gesundheit/item/1610-stressbewaeltigung-durch-sport-warum-laufen-den-kopf-freimacht

[64] https://www.medizinpopulaer.at/archiv/bewegung-fitness/details/article/mit-sport-gegen-stress.html

immer wieder von Ihrem Schreibtisch auf, machen Sie Bewegungsübungen zwischendurch. Es gibt genügend verschiedene Übungen, die Sie zwischendurch und kurz in Ihren (Arbeits-)Alltag einbauen können. Wer sich bewegen möchte und die wohltuenden Effekte spürt, wird erfinderisch. Aufgrund unserer evolutionären Entwicklung sind wir Menschen dazu geboren, uns zu bewegen!

9.2.1. Sport

Welche Sportart ausgeübt wird, hängt ganz von den persönlichen Vorlieben ab. Sie sollte auf jeden Fall Freude bereiten und nicht nur lästige Pflicht sein. Wer mit Sport beginnt, muss vielleicht in den ersten Wochen den eigenen inneren „Schweinehund“ überwinden, bis die Bewegung zum wohltuenden Alltagsbestandteil wird. Die stimmungsaufhellenden Endorphine, oft als Glückshormone bezeichnet, werden vor allem bei Ausdauersportarten wie Laufen, Schwimmen, Langlaufen, Radfahren usw. ausgeschüttet. Durchfluten sie unseren Körper, können wir uns entspannen und fühlen uns wohl. Wer sie regelmäßig in den Alltag einbaut, wird feststellen, dass er/sie mit der Zeit mit Belastungen leichter umgehen kann. Auch Krafttraining dient dem Stressabbau, weil sich aufgestaute Anspannung entladen kann. Ideal für unsere körperliche Belastbarkeit, Herz-Kreislauf-System und Knochenfestigkeit wäre, wenn wir beides abwechselnd ausüben: Ausdauer- und Krafttraining. Unsere geistige wie psychische Belastbarkeit profitiert davon genauso.

9.2.2. „Die goldenen Zwölf“

„Die goldenen Zwölf“ sind aktivierende Bewegungsübungen für zwischendurch. Sie dauern nur wenige Minuten und steigern sowohl die Konzentrations- als auch Koordinationsfähigkeit und wirken auf den gesamten Organismus aktivierend. Gleichzeitig werden wichtige Muskelpartien gedehnt. Eine ideale Übung für nach der Mittagspause, um dem Nachmittagstief entgegenzuwirken oder einfach für zwischendurch, wenn Sie müde werden und die Konzentration nachlässt.

Übung:

Stellen Sie sich aufrecht hin, beide Beine stehen hüftbreit am Boden, die Knie sind ganz leicht angewinkelt. Achten Sie auf eine gute Standfestigkeit. Lassen Sie die Schultern gesenkt, die Arme hängen locker neben dem Körper herab, der Kopf bleibt gerade. Atmen Sie bewusst und gleichmäßig (Bauchatmung). Machen Sie die Übung so, dass Sie eine angenehme Dehnung spüren, Sie darf Ihnen auf keinen Fall Schmerzen bereiten!

1 und 2 Strecken Sie die Arme seitlich aus, die Daumen zeigen nach hinten, ziehen Sie beide Arme zweimal nach hinten.

3 und 4 Winkeln Sie die Arme an den Ellenbogen ab, die Ellenbogen bleiben dabei auf Schulterhöhe, die Daumen zeigen nach hinten. Ziehen Sie beide Arme (inklusive Ellenbogen) zweimal nach hinten.

5 und 6 Strecken Sie den rechten Arm nach oben (der Daumen zeigt nach hinten), den linken Arm nach unten (Daumen zeigt nach vorne). Ziehen Sie beide Arme zweimal in die Länge und nach hinten.

7 und 8 Strecken Sie nun den linken Arm nach oben (Daumen zeigt nach hinten) und den rechten Arm nach unten (Daumen zeigt nach vorne). Ziehen Sie beide Arme zweimal in die Länge und nach hinten.

9 und 10 Strecken Sie beide Arme nach oben, Daumen zeigen nach hinten. Ziehen Sie beide Arme zweimal nach hinten.

11 und 12 Strecken Sie die Armen nach unten, die Daumen zeigen nach vorne. Ziehen Sie beide Arme zweimal nach hinten und drehen Sie die Daumen dabei nach hinten. Gehen Sie gleichzeitig in einen Zehenstand.

Wiederholen Sie die Übung zwei- bis dreimal oder auch öfter, wenn Sie möchten.

9.2.3. Yoga für Zwischendurch

Yoga ist ursprünglich eine alte indische philosophische Lehre, die sowohl geistige als auch körperliche Übungen umfasst. Die ursprüngliche Form enthält sehr viel komplexere Lehren und Praktiken als unser heutiges Yoga in der westlichen Welt, wo moderne Ideen und Trainingsformen einfließen und praktiziert werden.

Yoga spricht Körper, Geist und Seele zugleich an und hilft uns, wieder unsere Balance zu finden, uns zu entspannen, zu konzentrieren, zur Ruhe und in die eigene Mitte zu kommen. Dies ist dann möglich, wenn der Energiefluss im Körper funktioniert. Unsere Wirbelsäule stützt nicht nur unseren Körper, sondern schafft als Kanal für die Rückenmarksnerven eine wichtige Verbindung zwischen Gehirn und Körper. Störungen im Verlauf der Wirbelsäule, Verspannungen der Muskeln unterbrechen den Energiefluss. Neben den Körperübungen spielt die tiefe Bauchatmung, die alle Yogaübungen begleiten soll, eine ganz wesentliche Rolle. Die meisten Yogaübungen entstammen dem Hatha-Yoga, in dem Körpertraining eine wichtige Rolle spielt.[65] In der Folge finden sich einige Übungen, die einfach und unkompliziert in den Alltag integriert werden können.[66]

---

[65] Trökes,Anna (2000)

[66] Greßer Katrin, Freisler Renate (2016)

Reinigungsatmung im Stehen

Die Reinigungsatmung im Stehen ist eine „Wachmacher"-Übung und eignet sich sehr gut zu Beginn einer Bewegungseinheit mit mehreren Übungen. Sorgen Sie dabei für ausreichend frische Luft.

Suchen Sie sich einen Platz, wo Sie Bewegungsfreiheit in alle Richtungen haben.

- Stehen Sie hüftbreit, die Füße parallel nach vorne ausgerichtet.
- Schwingen Sie mit den Armen neben dem Körper gegengleich vor und zurück. Atmen Sie dabei durch die Nase ein und durch den Mund stoßweise aus.
- Gehen Sie beim Schwingen ganz leicht in die Knie und lassen Sie die Schultern locker.
- Variante: Atmen Sie auch belastende Gedanken, Ärger und verbrauchte Energie aus.
- Zum Abschluss drehen Sie den Oberkörper leicht nach links und rechts, während die Arme locker mitschwingen.
- Lassen Sie die Drehung langsam ausklingen und bleiben Sie einige Atemzüge ruhig stehen.
- Spüren Sie nach. Wie fühlt sich Ihr Körper jetzt an? Wie fließt Ihr Atem?

Palmenhaltung

Diese Gleichgewichtsübung verbessert die Zusammenarbeit beider Gehirnhälften und fördert Konzentration wie Kreativität. Es wird mit Armen und Beinen diagonal geübt.

Suchen Sie sich einen angenehmen Platz mit ausreichend Bewegungsfreiheit.

- Stellen Sie sich auf beide Beine. Achten Sie auf Standfestigkeit.
- Heben Sie mit dem Einatmen das rechte Bein und winkeln Sie den linken Arm ab. Heben Sie das Bein nur so hoch, wie es für Sie angenehm ist.

- Strecken Sie mit der Ausatmung das rechte Bein und den linken Arm nach vorne.
- Ziehen Sie mit dem Einatmen das rechte Bein wieder heran und winkeln Sie den linken Arm an.
- Stellen Sie mit dem Ausatmen das rechte Bein auf den Boden und senken Sie den linken Arm nach unten.
- Wechseln Sie die Seite: linkes Bein heben – rechten Arm beugen.
- Wiederholen Sie die Übung auf beiden Seiten 6 bis 8-mal.
- Beenden Sie die Übung so, dass beide Seiten gleich oft dran waren.
- Bleiben Sie einige Atemzüge auf beiden Beinen stehen und spüren Sie nach.

Lockerung der Schultern

Es gibt zwei unterschiedliche Arten, die Hände/Finger zu verschränken – die gewohnte und die ungewohnte Weise. Die ungewohnte Weise ist ein einprägsames Beispiel für eine Unterbrechung unserer gewohnten Muster. Vor der Übung probieren Sie am besten beide Arten aus.

Probe:

- Verschränken Sie die Hände: Bei einigen Personen ist nun der rechte, bei anderen der linke Daumen oben.
- Merken Sie sich, welcher Daumen oben ist. Dies ist die gewohnte Weise.
- Jetzt versetzen Sie die Verschränkung um einen Finger, sodass der andere Daumen oben ist. Dies ist die ungewohnte Weise.
- Für die Übung brauchen wir sowohl die gewohnte als auch die ungewohnte Weise.

Übung:

- Stehen Sie hüftbreit, beide Füße sind parallel nach vorne ausgerichtet.
- Verschränken Sie die Hände in der gewohnten Weise in der Höhe des Bauchnabels.
- Mit der Einatmung drehen Sie die verschränkten Hände um 45°, sod ass die Handinnenflächen nach oben schauen, und führen die Hände bis in Brusthöhe.
- Mit der Ausatmung drehen Sie die Handinnenflächen zum Körper um 270°, schauen nun auf den Handrücken und strecken die Arme in Höh e der Brust nach vorne.
- Mit der Einatmung lösen Sie beide Hände, führen die Arme hinter den Rücken und verschränken die Hände wieder.
- Mit der Ausatmung ziehen die Hände in Richtung Boden und das Kinn sinkt leicht Richtung Brustbein.
- Lösen Sie die Verschränkung und wiederholen Sie den Durchgang mit den ungewohnt verschränkten Händen (vor und hinter dem Körper).
- Nach jedem Durchgang verschränken Sie die Hände versetzt.
- Diese Bewegung wird 6 bis 8-mal wiederholt.
- Beenden Sie die Übung so, dass beide Seiten gleich oft dranwaren.
- Lassen Sie die Arme nun neben dem Körper locker hängen und spüren Sie nach.

Zehenstand (Gleichgewichtsübung)

Idealerweise ziehen Sie bei dieser Übung die Schuhe aus. Durch die verlängerte Einatmung nimmt der Organismus vermehrt Sauerstoff auf, was zu einem wachen Geist und guter Konzentration führt. Bei der Arbeit mit den Füßen verändert sich häufig das Gefühl der Standfestigkeit oder der Kontakt zum Boden. Achten Sie bei dieser Gleichgewichtsübung auf genügend Platz zur Seite.

Übung - 1. Runde:

- Sie stehen hüftbreit, beide Füße sind parallel nach vorne ausgerichtet.
- Mit der Einatmung gehen Sie auf die Zehenspitzen (so weit, wie es für Sie angenehm ist) und heben die Arme gestreckt nach vorne. Die Handinnenflächen weisen in den Raum. Achten Sie darauf, dass die Schultern unten bleiben und Sie die Schulterblätter nach hinten, unten fallen lassen.
- Mit der Ausatmung senken Sie die Fersen und die Arme.
- Die Übung 6 bis 8-mal im eigenen Atemtempo wiederholen.
  Dann gehen Sie in die zweite Runde über.

2. Runde

- Sie stehen hüftbreit, beide Füße sind parallel nach vorne ausgerichtet.
- Mit der Einatmung gehen Sie auf die Zehenspitzen, heben die Arme gestreckt nach vorne und führen sie in Schulterhöhe zur Seite. Die Handinnenflächen weisen nach außen. Die Schultern bleiben unten!
- Mit der Ausatmung senken Sie die Fersen auf den Boden und führen die Arme dabei über die Seite wieder neben den Körper.
- Die Übung 6 bis 8-mal im eigenen Atemtempo wiederholen.

Abschluss:

- Bleiben Sie nach der letzten Bewegung einige Atemzüge stehen und spüren Sie nach.

Augenrollen und palmieren

Diese Übung trainiert die Augenmuskulatur und ist optimal für Menschen, die viel am Bildschirm arbeiten. Das Palmieren entspannt die Augen und tut den meisten Menschen gut. Brillenträger nehmen – wenn möglich – die Brille ab.

Übung:

- Setzen Sie sich auf einen Stuhl, beide Füße sind am Boden, und schauen Sie gerade nach vorne.
- Ihre Wirbelsäule ist aufgerichtet und der Kopf gerade.
- Legen Sie die Hände auf die Oberschenkel.
- Bewegen Sie Ihre Augen waagrecht – nach rechts und links, 6- bis 8-mal.
- Bewegen Sie Ihre Augen senkrecht – nach oben und unten, 6- bis 8-mal.
- Bewegen Sie Ihre Augen diagonal – nach rechts oben und links unten, 6- bis 8-mal.
- Bewegen Sie Ihre Augen diagonal – nach links oben und rechts unten, 6- bis 8-mal.
- Reiben Sie nun Ihre Handflächen fest aneinander, bis eine angenehme Wärme entsteht.
- Legen Sie die Handfläche locker über Ihre Augen und lassen den Kopf in die Hände sinken. Wenn Sie möchten, können Sie dabei die Augen schließen.
- Verweilen Sie einige Atemzüge lang und gönnen Sie Ihren Augen diese Entspannung. Genießen Sie die Entspannung!
- Heben Sie nun mit der Einatmung den Kopf langsam an.

Varianten:

- Bewegen Sie Ihre Augen kreisförmig 6- bis 8-mal – jeweils im und gegen den Uhrzeigersinn.
- Bewegen Sie Ihre Augen in Form einer liegenden Acht 6- bis 8-mal – in beide Richtungen.

Nacken lockern

Häufig haben Menschen durch zu langes Sitzen und übermäßige Bildschirmarbeit Verspannungen im Nackenbereich. Diese Übung lockert die Nackenmuskulatur.

Übung:

- Bewegen Sie Ihren Kopf bei der Übung ganz sanft und nur so weit, wie es angenehm für Sie ist. Die Wirbelsäule im Nackenbereich reagiert sensibel auf zu starke oder ruckartige Bewegungen.
- Richten Sie die Wirbelsäule auf und halten Sie den Kopf gerade.
- Beide Füße stehen parallel am Boden und zeigen gerade nach vorne.
- Führen Sie mit Ihrem Kopf ganz kleine Bewegungen nach links und rechts aus – wie eine kleine Nein-Bewegung.
- Lassen Sie den Kopf in der Mitte zur Ruhe kommen.
- Führen Sie eine kleine Bewegung mit dem Kopf nach oben und unten aus – wie eine kleine Ja-Bewegung (den Kopf dabei nicht in den Nacken legen).
- Lassen Sie den Kopf in der Mitte wieder zur Ruhe kommen.
- Bewegen Sie die Nasenspitze in einer liegenden Acht.
- Ändern Sie die Richtung der liegenden Acht.
- Lassen Sie zum Abschluss den Kopf in der Mitte und spüren Sie ein paar Atemzüge im Nacken-Schulter-Bereich nach.

9.3. Erholung und Entspannung

Erholung und Entspannung sind sowohl für das körperliche wie geistig-seelische Wohlbefinden essentiell notwendig. Körper, Geist und Seele brauchen Phasen, in denen sie sich regenerieren, Kraft tanken und Informationen verarbeiten und speichern können. Der Parasympathikus (Entspannungsnerv) will gestärkt werden, unser Gehirn möchte die Informationen, die wir aufnehmen, einordnen und speichern, der Körper möchte sich entspannen. Wer Krafttraining betreibt, weiß, dass der Körper regelmäßige Erholungspausen benötigt. Ein idealer Muskelaufbau kann nur dann stattfinden, wenn wir zwischen den Trainingseinheiten regelmäßig und ausreichend Ruhepausen einplanen. Salopp gesehen funktioniert das Gehirn wie der Körper: damit die Verbindungen zwischen den Nerven gefestigt werden, braucht es Ruhepausen zur Verarbeitung. Pausen und Erholung sind im beruflichen wie privaten Alltag gleichermaßen notwendig.

9.3.1. Ruhepausen machen

Mit bewussten Ruhepausen gelingt es, Stress zu reduzieren und Tempo aus dem Alltag zu nehmen. Ruhepausen sind wichtig, um uns zu regenerieren und unsere Leistungsfähigkeit aufrecht zu erhalten oder gegebenenfalls sogar zu steigern. Die Nervenzellen im Gehirn benötigen dringend Ruhezeiten, um Erfahrungen, Erlebnisse und neues Wissen zu verarbeiten. Unser Gehirn kann Informationen nur im Ruhezustand verarbeiten und nicht während wir sie aufnehmen.

In der Regel sendet unser Körper Signale aus, wenn er eine Pause benötigt: wir werden müde, können uns nicht mehr konzentrieren, reagieren gereizt, spüren Verspannungen im Nacken, machen Fehler, usw.

Es ist wichtig, darauf zu achten. Schon Kurzpausen von einigen Minuten reichen aus, damit wir uns danach wieder konzentriert dem zuwenden können, was wir erledigen möchten. Kurze Pausen können sein: aufstehen, das Fenster öffnen, Kaffee, Tee, Wasser trinken, „Plausch" mit Kollegen, etc. Für verschiedene Bereiche der Arbeitswelt gibt es Empfehlungen sowie gesetzliche Vorschriften für Ruhepausen.

9.3.2. Für ausreichend Schlaf sorgen

Schlaf ist eine unserer wichtigsten Energiequellen, ausreichend zu schlafen ist sogar lebenswichtig. Wie viel Schlaf wir benötigen, ist individuell sehr unterschiedlich. Erwachsene benötigen durchschnittlich zwischen sechs und acht Stunden Schlaf pro Nacht, damit sich Körper und Geist regenerieren und unser Immunsystem gestärkt wird. Bei Belastung kann unser Schlafbedürfnis deutlich höher sein, weil der Körper längere Regenerationsphasen braucht. Diese sollte er dann auch bekommen. Wichtig ist dabei die Qualität des Schlafes – ein Teufelskreis, wenn man nicht schlafen kann, weil die Gedanken wach halten oder aufwecken.

Während wir schlafen, arbeitet unser Gehirn auf Hochtouren. Über den Tag aufgenommene Informationen werden verarbeitet, eingeordnet und gespeichert und neue Nervenverbindungen gebildet. Auch unser Hormonspiegel ändert sich, während wir schlafen. Bei Dunkelheit bildet die Zirbeldrüse[67] (eine kleine Drüse im Gehirn) das sogenannte „Schlafhormon" Melatonin, der Spiegel des Stresshormons Cortisol hingegen sinkt – bei gutem Schlaf – in der ersten Nachthälfte.

---

[67] https://www.aerzteblatt.de/archiv/1375/Neue-Erkenntnisse-der-Chronobiologie-Wie-Hormone-Schlaf-und-Stoffwechsel-regulieren

Zu wenig Schlaf kann weitreichende Folgen nach sich ziehen:

- erhöhte Müdigkeit und geringere Konzentrationsfähigkeit
- größere Reizbarkeit
- schlechtere Gedächtnisleistung
- größere Anfälligkeit für Krankheiten, weil das Immunsystem nicht ausreichend gestärkt wird
- rascherer Alterungsprozess
- vermehrte Herz- und Gefäßerkrankungen
- erhöhtes Risiko für Herzinfarkt und Schlaganfall
- und andere.

Zu einer guten Schlafqualität können Sie selbst beitragen: vermeiden Sie Stress und Aufregung vor dem Schlafengehen, ebenso langes Sitzen vor dem Computer oder Fernseher. Ein ruhiges und gut abgedunkeltes Schlafzimmer erleichtert das Ein- und Durchschlafen. Leichtes Essen und der Verzicht auf Alkohol am Abend entlasten Verdauung und Leber. Wer sich tagsüber ausreichend bewegt und auf einen regelmäßigen Schlafrhythmus achtet, wird sich wahrscheinlich besser erholen.

9.3.3. Body Scan

Stress- und Burn-out-Symptome zeichnen sich auch dadurch aus, dass man seine eigenen Bedürfnisse oft nicht mehr wahrnimmt. Der Body-Scan ist eine ausgezeichnete Übung, um das eigene Körperbewusstsein zu stärken. Außerdem beruhigt sie die Nerven, hilft Stress abzubauen, fördert das Konzentrationsvermögen und wirkt entspannend. Man geht dabei mit seiner Aufmerksamkeit durch den gesamten Körper und „scannt" seine Wahrnehmungen und Körperempfindungen von den Füßen bis zum Kopf. Dabei geht es rein ums Spüren, ohne zu bewerten. Der Body-Scan kann sowohl im Sitzen als auch im Liegen durchgeführt werden. Die stärkste Entspannung wird sich vermutlich im Liegen einstellen.[68]

Übung (im Liegen):

- Legen Sie sich auf den Rücken und spüren Sie, wie Ihr Körper auf der Unterlage liegt. Ihre Arme liegen locker neben dem Körper. Wenn Sie möchten, schließen Sie die Augen.
- Spüren Sie Ihre Körperhaltung, lassen Sie sich dabei Zeit. Verändern Sie die Haltung gegebenenfalls so, dass es für Sie wirklich bequem ist.
- Lassen Sie während der Übung die Empfindungen kommen und gehen, ohne sie zu bewerten oder zu analysieren. Es geht rein ums Wahrnehmen.
- Achten Sie auch auf Ihre Atmung. Lassen Sie sich bei jedem Ausatmen in den Boden hineinsinken. Nehmen Sie wahr, wie sich Ihre Bauchdecke mit dem Atem hebt und senkt.
- Lenken Sie nun Ihre Aufmerksamkeit auf die einzelnen Körperbereiche:
- Spüren Sie Ihren linken Fuß, nehmen Sie wahr, wie er Kontakt zum Boden hat. Wandern Sie mit Ihrer Aufmerksamkeit weiter zum linken Unterschenkel, zum Knie und zum Oberschenkel; nehmen Sie schließlich Ihr ganzes linkes Bein wahr.
- Wenden Sie dann Ihre Aufmerksamkeit Ihrem rechten Bein zu und wiederholen Sie den Vorgang.
- Spüren Sie dann Ihren Beckenbereich und den Kontakt zur Unterlage. Wandern Sie mit Ihrer Aufmerksamkeit weiter über das Kreuzbein zum unteren Rücken. Nehmen Sie Ihren Atem wahr.
- Wandern Sie mit Ihrer Aufmerksamkeit den Rücken nach oben, spüren Sie die Brustwirbelsäule, die Schulterblätter und Ihren Brustkorb. Lassen Sie sich dabei Zeit.
- Wenden Sie sich dann Ihrer linken Hand zu, spüren Sie den Kontakt zur Unterlage, wandern Sie mit der Aufmerksamkeit weiter zum Unterarm

[68] GESU-Institut (2017), Greßer Katrin, Freisler Renate (2016)

und über Ellenbogen und Oberarm zur linken Schulter. Nehmen Sie schließlich den ganzen Arm wahr.

- Wiederholen Sie die Übung auf der rechten Seite.
- Spüren Sie schließlich Ihren Schulter-Nackenbereich und lenken Sie Ihre Aufmerksamkeit langsam über den Hinterkopf hin zum Gesicht.
- Entspannen Sie Ihre Gesichtsmuskulatur: Ihr Kiefer ist locker und Ihre Zunge liegt locker am Gaumen, die Wangen sind entspannt wie auch die Augen. Ihre Stirn ist weich und weit.
- Spüren Sie Ihren Körper nun als Ganzes. Nehmen Sie wahr, wie Ihr Atem fließt und sich die Bauchdecke hebt und senkt.
- Atmen Sie zum Schluss mehrmals tief ein und aus, strecken Sie sich und öffnen Sie die Augen, um wieder im „Hier und Jetzt" anzukommen.

9.3.4. Autogenes Training

Autogenes Training ist eine vom deutschen Arzt Johannes Heinrich Schultz entwickelte Entspannungsmethode und basiert auf Autosuggestion. Schultz selbst hat sie als „konzentrative Selbstentspannung"[69] bezeichnet. Sie beeinflusst direkt das vegetative Nervensystem und ist eine ausgezeichnete Methode, um Stress abzubauen und Körper und Geist zu stärken. Autogenes Training wirkt in verschiedenen Bereichen positiv[70], es

- reduziert Stress-, Unruhe und Verspannungszustände
- lindert Migräne
- hilft bei Herz-Kreislauf- sowie Magen-Darm-Erkrankungen
- vermindert Schlafstörungen
- fördert die Konzentration

---

[69] Eberlein Gisela (1989)
[70] https://www.gesund.at/psyche/autogenes-training/

- sorgt für Klarheit

Die Grundstufe des Autogenen Trainings besteht aus sieben Übungen, wobei es in erster Linie um das bewusste Erlernen von Entspannung mit Hilfe formelhafter Redewendungen geht. Dieser Prozess wird Autosuggestion genannt und nach einigen Wochen des regelmäßigen Übens entwickelt sich ein gewisser Automatismus, der rasch zum gewünschten Entspannungszustand führt. Das regelmäßige Üben ist wichtig, damit das Umschalten vom Wachzustand in den Entspannungszustand und zurück in einen konzentrierten Wachzustand gut gelingt. Wer die Grundstufe beherrscht, kann sich bei Bedarf rasch und überall gut entspannen, beruhigen und in einen konzentrierten Wachzustand versetzen. Vor wichtigen Ereignissen (Prüfung, Vorstellungsgespräch, Verhandlung, Präsentation, Vortrag, sportlicher Wettkampf usw.) bietet Autogenes Training eine kraftvolle Hilfestellung, um fokussiert handeln zu können.

Für die Prävention von Burn-out erweist es sich als wertvoll, um zur Ruhe zu kommen und den Blick für das Wesentliche zu schärfen. Es gibt durchaus Literatur zum Selbststudium, doch ist es empfehlenswert, die Übungen mit Hilfe erfahrener und dafür ausgebildeter Personen zu erlernen (Therapeut, Arzt, etc.).

Die Übungen werden am besten mit geschlossenen Augen in einer entspannten Haltung im Liegen oder Sitzen (sogenannte Droschkenkutscherhaltung) durchgeführt.[71]

---

[71] Eberlein Gisela (1989)

Die sieben Übungen im Überblick:

1. Ruhe-Übung: Als einleitende Übung dient sie zur Beruhigung und Konzentration auf Ruhe. Ergänzend sagt oder denkt man sich leise den Satz: „Ich bin vollkommen ruhig." (Gedanken dürfen dabei kommen und gehen.)
2. Schwere-Übung: Die einzelnen Körperteile Arme, Beine werden in Schwere versetzt. Sie beginnen am besten mit dem Arm Ihrer Schreibhand. Dazu wiederholen Sie leise oder gedanklich den Satz: „Rechter Arm ist schwer" (bzw. linker Arm). Danach wenden Sie sich den Beinen zu: „Rechtes Bein ist schwer" (bzw. linkes Bein). Fortgeschrittenen genügt die Autosuggestion „Arme und Beine sind ganz schwer" oder einfach „Schwere". Das Schwereerlebnis dient der Muskelentspannung.
3. Wärme-Übung: Diese Übung fördert die Durchblutung der Gliedmaßen. Man konzentriert sich auf Wärme in den Armen und Beinen und wiederholt die Redewendung: „Rechter Arm ist ganz warm" (bzw. linker Arm, rechtes Bein, linkes Bein). Das Wärmeerlebnis dient der Gefäßentspannung.
4. Atem-Übung: Durch die Konzentration auf die Atmung steigt die Entspannung. Es geht dabei darum, den Atem fließen zu lassen. Mit der Entspannung beruhigt sich auch der Herzschlag. Mögliche begleitende Redewendungen für diese Übung lauten: „Atmung ruhig und gleichmäßig" oder „Atmung ruhig und fließend".
5. Herz-Übung: Die Herz-Übung sollte bewusst mit dem Ausatmen beginnen. In der Regel vertieft sich die Entspannung, Durchblutung und Sauerstoffversorgung werden angeregt. Die begleitende Redewendung lautet: „Mein Herz schlägt ruhig und gleichmäßig."
6. Sonnengeflechts-Übung (Bauchübung): Die Bauchübung beeinflusst und entspannt die Bauchorgane. Als Sonnengeflecht (plexus solaris) bezeichnet man ein Geflecht aus Nervenzellen unterhalb des Zwerchfells, das für die Steuerung der Bauchorgane zuständig ist. Der begleitende Satz lautet: „Mein Sonnengeflecht ist strömend warm." Nach einigem Üben stellt sich ein angenehmes Wärmegefühl ein, das mit einer vegetativ beeinflussten Erweiterung der

Bauchgefäße einhergeht. Verdauung und Stoffwechsel werden dadurch gefördert.

7. Stirn-Übung (Stirnkühlung): Zum Abschluss erfolgt – anfangs nur ganz kurz – die Stirnkühlung. Sie funktioniert am besten, wenn man sich vorstellt, wie ein leichter, kühler Luftzug über die Stirn streift. Die unterstützende Redewendung lautet: „Die Stirn ist angenehm kühl." (Keinesfalls sollte man sich auf Kälte konzentrieren, das könnte Kopfschmerzen hervorrufen.) Die Übung zielt darauf ab, im Alltag einen klaren Kopf zu bewahren.

Jede dieser Übungen wird fünf bis sieben Mal wiederholt. Dazwischen erfolgt jeweils einmal die Konzentration auf die Ruhe („Ich bin vollkommen ruhig"). Nach Abschluss der Übungen muss die Entspannungshaltung zurückgenommen werden, um wieder in einen konzentrierten Wachzustand zu gelangen. Das „Zurücknehmen" funktioniert am besten so:

- Arme beugen und strecken
- tief durchatmen
- Augen öffnen

Beherrscht man die Grundstufe, so kann man eine individuelle formelhafte Vorsatzbildung (vergleichbar mit den Affirmationen in Kapitel 6.2.4.) nach jeder einzelnen Übung in das Autogene Training einbauen. Jede Vorsatzbildung sollte dabei knapp, positiv, direkt und gegenwartsnah formuliert sein. Beispiele sind: „Ich bestehe die Prüfung." „Ich bin mutig, gelöst und frei". „Ich denke positiv."

9.3.5. Progressive Muskelentspannung nach Jacobson

Die Progressive Muskelentspannung ist eine einfache und höchst effektive Entspannungsmethode. Durch einen Wechsel von Anspannung und

Entspannung werden verschiedene Muskelpartien ganz bewusst zur Entspannung angeregt, was schließlich zu einer Entspannung des gesamten Körpers (und meist auch des Geistes) führt. Es gibt verschiedene Übungsvarianten: Übungen im Liegen, Stehen, Ultrakurzform etc. Je nach Gegebenheit können die Übungen zu Hause, in der Arbeit, an der Haltestelle oder wo immer man will, durchgeführt werden. Wie im Mentalen Training und im Autogenen Training ist das Üben wichtig für den Erfolg. Progressive Muskelentspannung beeinflusst das innere Gleichgewicht günstig. Körper und Psyche werden durch einen „ganzheitlichen" Ansatz nachhaltig entlastet und funktionell gestärkt.[72]

Die Methode wurde von Professor Edmund Jacobson (1885 – 1976) begründet. Er erkannte schon früh, dass seelische und muskuläre Anspannung offenbar einer bestimmten Wechselbeziehung unterliegen. Heute gibt es Literatur und Anleitungen auf Übungs-CD's zum Selbststudium. Fachlich fundierte Personen bieten Kurse oder Einzelsitzungen an, um die Progressive Muskelentspannung zu lehren, was sicher sinnvoll ist.

Nachstehend stelle ich die sogenannte Ultrakurzform vor, die gut in den (Arbeits-)Alltag eingebaut werden kann.[73]

Progressive Muskelentspannung - Ultrakurzform

Bei der Ultrakurzform werden große Muskelgruppen, nämlich Arme, Beine oder der Rumpf zusammengefasst. Diese Verkürzung spart Zeit und ist

[72] Hainbuch Friedrich (2004)
[73] Greßer Katrin, Freisler Renate(2016)

sinnvoll, wenn man sich nur eine kurze Auszeit gestatten kann. Die Übung kann im Sitzen (z. B. im Büro) durchgeführt werden.

- Rutschen Sie mit dem Po bis ganz an die Stuhllehne, damit Sie sicher sitzen. Stellen Sie Ihre Füße hüftbreit mit dem ganzen Fuß auf den Boden. Legen Sie Ihre Hände locker auf die Oberschenkel. Finden Sie eine angenehme Sitzposition. Konzentrieren Sie sich nun auf Ihren Atem – wie er von alleine kommt und wieder geht. Schließen Sie die Augen, wenn Sie möchten.

Schritt 1: **Rechten Arm anspannen, Faust ballen**

Anspannung:

- Lenken Sie die Aufmerksamkeit auf Ihren rechten Arm. Spüren Sie das ganze Gewicht in Ihrem Unterarm, in der Hand, in den Fingern.
- Ballen Sie die rechte Faust und beugen Sie den Arm heran.
- Spannen Sie den ganzen rechten Arm an.
- Spüren Sie die Spannung im Arm deutlich und halten Sie die Spannung 5 bis 10 Sekunden lang an. Atmen Sie dabei ruhig.

Entspannung:

- Öffnen Sie die Faust wieder und lösen Sie die Anspannung im rechten Arm komplett.
- Achten Sie auf den Unterschied zwischen An- und Entspannung. Spüren Sie kurz nach. Der rechte Arm ist nun wieder vollkommen entspannt. Ganz locker, gelöst und entspannt.

Schritt 2: **Linken Arm anspannen, Faust ballen**

Anspannung:

- Lenken Sie die Aufmerksamkeit nun auf Ihren linken Arm.
- Ballen Sie nun die linke Faust und beugen Sie den Arm heran.
- Spannen Sie den ganzen linken Arm an.

- Spüren Sie die Spannung im Arm deutlich und halten Sie sie 5 bis 10 Sekunden lang an.

Entspannung:

- Öffnen Sie die Faust wieder und lösen Sie die Anspannung im linken Arm komplett.
- Achten Sie auf den Unterschied zwischen An- und Entspannung. Spüren Sie kurz nach. Der linke Arm ist nun wieder vollkommen entspannt.

Schritt 3: **Kopf, Gesicht und Hals**

Anspannung:

- Richten Sie Ihre Aufmerksamkeit auf das Gesicht. Konzentrieren Sie sich auf einen Punkt zwischen den Augenbrauen.
- Kneifen Sie nun beide Augen zusammen und schneiden Sie eine Grimasse. Spüren Sie die Anspannung der Gesichtsmuskulatur.
- Gesichtsmuskeln fest anspannen und 5 bis 10 Sekunden halten. Durch die Nase atmen.

Entspannung:

- Lassen Sie die Gesichtsmuskeln wieder vollständig los. Lösen Sie die Anspannung der Augen, Kiefer, Nase und Stirn.
- Achten Sie auf den Unterschied zwischen An- und Entspannung. Spüren Sie kurz nach. Das Gesicht ist nun wieder ganz glatt und entspannt.

Schritt 4: **Schultern hochziehen**

Anspannung:

- Wenden Sie sich nun Ihren Schultern zu. Spüren Sie, wie Nacken und Schultern sich anfühlen.
- Ziehen Sie beide Schultern hoch in Richtung Ohren.
- Beachten Sie das leichte Ziehen in der Schultermuskulatur. Spannung für 5 bis 10 Sekunden halten.

Entspannung:

- Mit dem nächsten Ausatmen lassen Sie die Schultern wieder sinken und entspannen. Lassen Sie die Schultern ruhig etwas hängen.
- Bemerken Sie den Unterschied zwischen An- und Entspannung. Spüren Sie kurz nach. Schultern, Hals und Nacken sind jetzt wieder weich und entspannt.

Schritt 5: **Bauch herausstrecken, Hohlkreuz machen, Bauchdecke und Rückenmuskulatur anspannen**

Anspannung:

- Konzentrieren Sie sich auf Ihren Rumpf. Spüren Sie die gesamte Länge des Rückens.
- Ziehen Sie beide Schultern nach hinten. Machen Sie ein Hohlkreuz und strecken Sie den Bauch heraus. Bauchdecke und Rückenmuskulatur dabei anspannen.
- Spüren Sie die Spannung im ganzen Oberkörper und halten Sie diese 5 bis 10 Sekunden lang.

Entspannung:

- Lassen Sie die Schultern sowie die Bauchdecke und die Rückenmuskulatur wieder los und entspannen Sie alle Muskeln im ganzen Oberkörper.
- Achten Sie wieder auf den Unterschied zwischen An- und Entspannung. Spüren Sie kurz nach. Die Spannung im ganzen Rumpf verschwindet nun völlig. Schultern, Rücken und Bauch sind jetzt wieder ganz entspannt.

Schritt 6: **Rechtes Bein anspannen und Gesäß zusammenkneifen**

Anspannung:

- Wenden Sie sich dem rechten Bein zu. Spüren Sie, wie es sich anfühlt.

- Spannen Sie den rechten Oberschenkel an, indem Sie gleichzeitig den rechten Fuß in den Boden drücken. Ziehen Sie die Zehen in Richtung Gesicht, sodass auch in den Waden Spannung entsteht.
- Spannen Sie zusätzlich die rechte Pobacke mit mittlerer Kraft an.
- Achten Sie auf die leichte Anspannung im ganzen Bein und im Gesäß. Spannung für 5 bis 10 Sekunden halten.

Entspannung:

- Mit dem nächsten Ausatmen lassen Sie wieder los. Bein und Gesäß finden in eine bequeme und lockere Position zurück.
- Nehmen Sie wahr, wie das leichte Gefühl der Anspannung immer mehr verschwindet. Kurz nachspüren. Registrieren Sie den Unterschied vor und nach der Anspannung. Das ganze rechte Bein ist jetzt wieder völlig entspannt.

Schritt 7: **Linkes Bein anspannen, Gesäß zusammenkneifen**

Anspannung:

- Wenden Sie sich dem linken Bein zu. Spüren Sie, wie es sich anfühlt.
- Spannen Sie den linken Oberschenkel an, indem Sie gleichzeitig den linken Fuß in den Boden drücken. Ziehen Sie die Zehen in Richtung Gesicht, sodass auch in den Waden Spannung entsteht.
- Spannen Sie zusätzlich die linke Pobacke mit mittlerer Kraft an.
- Achten Sie auf die leichte Anspannung im ganzen Bein und im Gesäß. Spannung für 5 bis 10 Sekunden halten.

Entspannung:

- Mit dem nächsten Ausatmen lassen Sie wieder los. Bein und Gesäß finden in eine bequeme und lockere Position zurück.
- Nehmen Sie wahr, wie das leichte Gefühl der Anspannung immer mehr verschwindet. Kurz nachspüren. Registrieren Sie den Unterschied vor und nach der Anspannung. Das ganze linke Bein ist jetzt wieder völlig entspannt.

Abschluss – Rückkehr ins Hier und Jetzt:

- Diese Entspannung nehmen Sie nun wieder mit zurück in die Wirklichkeit. Ballen Sie Ihre Hände zu Fäusten, beugen Sie Ihre Arme einige Male kräftig hin und her, atmen Sie tief ein und aus. Beim nächsten Ausatmen werfen Sie Ihre Arme in die Luft, öffnen Ihre Hände und Augen und kommen wieder erfrischt in die Gegenwart zurück.

Wichtig ist, die Übungen regelmäßig durchzuführen und für das Entspannungstraining einen festen Platz im Alltag einzuräumen. Die positiven Auswirkungen sind bei regelmäßigem Üben bald spürbar. Wer Progressive Muskelentspannung abends im Bett übt, wird durch die Entspannung leichter ein- und durchschlafen und am nächsten Morgen ausgeruht sein.

10. Wenn sich ein Burn-out doch leise einschleicht

Es gibt viele Möglichkeiten, gut für sich zu sorgen und eine ausgewogene Balance zwischen Anspannung und Entspannung anzustreben. Auf welche Weise, muss wohl jede und jeder für sich selbst herausfinden. Die vorigen Kapitel haben einige Themen und Methoden aufgegriffen und vorgestellt. Darüber hinaus gibt es natürlich noch viele andere Möglichkeiten. Die Integration der verschiedenen Methoden, einer ausgewogenen Ernährung, von Bewegung und Sport in den Alltag soll kein „Zwang“ sein, sonst wird dies zu einem weiteren Stressfaktor. Sie soll vielmehr mit Leichtigkeit und Freude erfolgen und Schritt für Schritt ausprobiert und umgesetzt werden.

Was aber tun, wenn sich herausstellt, dass sich doch ein Burn-out auf leisen Sohlen eingeschlichen hat? Wenn Sie das Gefühl haben, alleine nicht mehr aus der Erschöpfung herauszufinden? Dann ist medizinische und/oder therapeutische Hilfe angebracht und notwendig. Mit der Unterstützung gut ausgebildeter Fachleute gelingt es, einen Weg aus der Burn-out-Phase heraus zu finden. Auch das Wissen, nicht alleine mit allem fertig werden zu müssen und nicht als Einzige/r betroffen zu sein, kann eine enorme Erleichterung bringen. Was im Einzelfall zu tun ist, werden Arzt und/oder Therapeut gemeinsam mit Ihnen festlegen. Es besteht keinerlei Grund für Scham, denn Burn-out kann jeden treffen. Je früher Sie kompetente Hilfe erhalten, desto besser bekommen Sie das Phänomen in den Griff und finden zurück in ein freudvolles „normales“ Leben.

11. Anhang

Antreiber-Test[74] (siehe folgende Seiten)

[74] nach Kälin Karl, Müri Peter (2000)

Diese Aussage trifft auf mich zu	voll und ganz	sehr	etwas	kaum	gar nicht
	5	4	3	2	1
1. Wenn ich eine Arbeit mache, dann mache ich sie gründlich.					
2. Ich fühle mich dafür verantwortlich, dass diejenigen, die mit mir zu tun haben, sich wohl fühlen.					
3. Ich bin ständig auf Trab. Alles muss schnell gehen.					
4. Anderen gegenüber zeige ich meine Schwächen äußerst ungern.					
5. Meine Devise lautet: „Wer rastet, der rostet."					
6. Häufig gebrauche ich den Satz: „ So einfach kann man das nicht sagen."					
7. Ich sage und mache oft mehr als nötig wäre.					
8. Ich habe Mühe, Personen zu akzeptieren, die ungenau sind.					
9. Es fällt mir schwer, Gefühle zu zeigen.					
10. „Nur nicht locker lassen!" lautet meine Devise.					
11. Wenn ich eine Meinung äußere, begründe ich sie auch, denn Kompetenz ist mir wichtig.					
12. Wenn ich einen Wunsch habe, erfülle ich ihn mir schnell.					
13. Ich liefere einen Bericht erst ab, wenn ich ihn mehrere Male überarbeitet habe.					
14. Leute, die „herumtrödeln", regen mich auf, denn Zeit ist Geld.					
15. Es ist wichtig für mich, von anderen akzeptiert zu werden.					

16. Ich habe eher eine harte Schale und einen weichen Kern.					
17. Ich versuche oft herauszufinden, was andere von mir erwarten, um mich danach zu richten.					
18. Leute, die unbekümmert in den Tag hineinleben, kann ich nur schwer verstehen.					
19. Leute, die nicht zur Sache kommen, unterbreche ich öfter, denn meine Zeit ist kostbar.					
20. Ich löse meine Probleme selbst.					
21. Aufgaben erledige ich möglichst rasch.					
22. Im Umgang mit anderen bin ich auf Distanz bedacht.					
23. Ich sollte viele Aufgaben noch besser erledigen, da sie noch nicht perfekt genug sind.					
24. Ich kümmere mich persönlich auch um nebensächliche Dinge, damit auch wirklich alles in Ordnung geht.					
25. Erfolge fallen nicht vom Himmel. Ich muss sie hart erarbeiten.					
26. Für dumme Fehler habe ich wenig Verständnis.					
27. Ich schätze es, wenn andere auf meine Fragen rasch und bündig antworten.					
28. Es ist mir wichtig, von anderen zu erfahren, ob ich meine Sache gut gemacht habe.					
29. Wenn ich eine Aufgabe begonnen habe, führe ich sie auch immer zu Ende.					
30. Ich stelle meine Wünsche und Bedürfnisse zugunsten anderer Personen zurück.					
31. Ich bin anderen gegenüber oft hart, um von ihnen nicht verletzt zu werden.					

32. Wenn es mir zu langsam vorangeht, dann trommle ich oft ungeduldig mit den Fingern auf den Tisch.					
33. Beim Erklären von Sachverhalten verwende ich gern die klare Aufzählung: „Erstens..., zweitens..., drittens...,"					
34. Ich glaube, dass die meisten Dinge nicht so einfach sind, wie viele meinen.					
35. Es ist mir unangenehm, andere Leute zu kritisieren, denn dann könnten die mich ja nicht mehr akzeptieren.					
36. Bei Diskussionen nicke ich häufig mit dem Kopf.					
37. Ich strenge mich an, um meine Ziele zu erreichen.					
38. Mein Gesichtsausdruck ist eher ernst und konzentriert.					
39. Ich bin ruhelos, nervös und manchmal auch hektisch.					
40. So schnell kann mich nichts erschüttern.					
41. Meine Probleme gehen andere nichts an. Ich muss stark sein.					
42. Mir geht es fast immer zu langsam, aus diesem Grund treibe ich die anderen an, damit mal was vorwärts geht.					
43. Ich sage oft: „Genau – exakt – klar – logisch – selbstverständlich."					
44. Ich sage oft: „Das verstehe ich nicht ..."					
45. Ich sage eher: „Könnten Sie es nicht einmal versuchen?", statt „Versuchen Sie es einmal."					
46. Ich bin diplomatisch.					
47. Ich versuche, die an mich gestellten Erwartungen zu übertreffen.					

48. Beim Telefonieren erledige ich häufig noch nebenbei andere Dinge.					
49. „Die Zähne zusammen beißen“ heißt die Devise.					
50. Trotz enormer Anstrengungen will mir vieles einfach nicht gelingen.					

Auswertung

Zur Auswertung des Fragebogens übertragen Sie Ihre Bewertungszahlen für jede entsprechende Fragenummer auf den folgenden Auswertungsschlüssel.

Zählen Sie dann die Bewertungszahlen zusammen.

Antreiber „Sei perfekt!“										
1	8	11	13	23	24	33	38	43	47	Total

Antreiber „Sei stark!“										
4	9	16	20	22	26	31	40	41	49	Total

Antreiber „Sei gefällig!“ („Mach es allen recht!“)										
2	7	15	17	28	30	35	36	45	46	Total

Antreiber „Streng dich an!“										
5	6	10	18	25	29	34	37	44	50	Total

Antreiber „Sei schnell!“ („Beeil dich!“)										
3	12	14	19	21	27	32	39	42	48	Total

12. Literatur- und Quellenverzeichnis

Antonovsky, Aaron (1997), Salutogenese, dgvt Verlag, Tübingen

Bauer, Joachim (2012), Warum ich fühle, was du fühlst, 18. Auflage, Wilhelm Heyne Verlag, München

Bauer, Joachim (2015), Arbeit – Warum sie uns glücklich oder krank macht, 2. Auflage, Wilhelm Heyne Verlag, München

Bender Claudia, Draksal Michael (2011), Das Lexikon der Mentaltechniken, Draksal Fachverlag, Leipzig

Bilinski, Wolfgang (2006), Rhetorik – das Trainingsbuch, Haufe Verlag, Freiburg

Bundesministerium für Arbeit und Soziales (2011), Psychische Gesundheit im Betrieb, Deutschland

Csikszentmihalyi Mihaly (2015), Flow. Das Geheimnis des Glücks, 18. Auflage, Klett-Cotta Verlag, Stuttgart

De Shazer, Steve (2012), Der Dreh, Überraschende Wendungen und Lösungen in der Kurzzeittherapie, 12. Auflage, Carl-Auer-Verlag, Heidelberg

Eberlein, Gisela (1989), Gesund durch Autogenes Training, Econ Verlag, Düsseldorf

Ekman, Paul (2010), Gefühle lesen, 2. Auflage, Springer Verlag, Heidelberg

Fischer-Epe, Maren (2011), Coaching: Miteinander Ziele erreichen, völlig überarbeitete Auflage, Rowohlt Taschenbuch Verlag, Reinbek bei Hamburg

Fiedler Claudia, Goldschmid Ilse (2010), Burnout – erprobte Wege aus der Falle, Verlag C. H. Beck OHG, München

Freudenberger Herbert, North Gail (2011), Burnout bei Frauen, Über das Gefühl des Ausgebranntseins, Fischer Taschenbuch-Verlag, Frankfurt am Main

Fritsch, Gerlinde Ruth (2012), Praktische Selbst-Empathie – Herausfinden, was man fühlt und braucht, 4. Auflage, Jungfermann Verlag, Paderborn

GESU-Institut (2017), Unterlagen zur Ausbildung zum Mentaltrainer, Graz

Greßer Katrin, Freisler Renate (2016), Stressmanagement-Trainings erfolgreich leiten, Manager Seminare Verlags GmbH, Bonn

Gruhl Monika, Körbächer Hugo (2014), Mit Resilienz leichter durch den Alltag. Das Trainingsbuch, Verlag Herder GmbH, Freiburg im Breisgau

Han Byung-Chul (2010), Müdigkeitsgesellschaft, Matthes und Seitz Verlag, Berlin

Hainbuch, Friedrich (2004), Progressive Muskelentspannung, Gräfe und Unzer Verlag GmbH, München

Heimsoeth Antje, (2016), Siegen beginnt im Kopf, Profiler's Publishing, Frankfurt

Hüther Gerald (2012), Biologie der Angst. Wie aus Stress Gefühle werden, 12. Auflage, Verlag Vandenhoeck & Ruprecht, Göttingen

Lindemann, Gabriele, Heim Vera (2010), Erfolgsfaktor Menschlichkeit, Wertschätzend führen – wirksam kommunizieren, Jungfermann Verlag, Paderborn

Kälin Karl, Müri Peter (2000), Sich und andere führen, Psychologie für Führungskräfte, Mitarbeiterinnen und Mitarbeiter, Ott-Verlag, Bern

Knieriemen, Heinz (2017), Gesund und fit mit Vitalstoffen. Vitamine, Mineralstoffe, Spurenelemente – Ein kritischer Ratgeber, 5. Auflage, AT Verlag, Aarau und München

Marx, Susanne (2016), Klopfen befreit, EFT klar und verständlich, 6. Auflage, VAK Verlags GmbH, Kirchzarten bei Freiburg

O'Connor Joseph, Seymour John (1995), Neurolinguistisches Programmieren: Gelungene Kommunikation und persönliche Entfaltung, 5. Auflage, VAK-Verlag

Ruhwandl, Dagmar (2007), Erfolgreich ohne auszubrennen, Das Burnout-Buch für Frauen, Weltbild Verlag, Augsburg

Seiwert Lothar (2002), Das neue 1x1 des Zeitmanagement, Gräfe und Unzer Verlag, München

Speckmann E.-J-, Wittkowski W. (2015), Handbuch Anatomie, Bau und Funktion des menschlichen Körpers, H. F. Ullman Publishing GmbH, Potsdam

Sommer, Jochen (2008), NLP for Business, Mit NLP zum beruflichen Spitzenerfolg, Gabal Verlag, Offenbach

Trökes Anna (2000), Yoga für Rücken, Schulter und Nacken, Gräfe und Unzer Verlag, München

Watzlawick Paul (2000), Anleitung zum Unglücklichsein, 21. Auflage, Piper Verlag GmbH, München

Weckert, Al (2010), Der Tanz auf dem Vulkan, Gewaltfreie Kommunikation & Neurobiologie in Konfliktsituationen, Jungfermann-Verlag, Paderborn

Internetquellen:

http://www.deutsche-medizinerauskunft.de/index.php?id=758971

https://www.biokrebs.de

https://www.gesundheit.de/krankheiten/psyche-und-sucht/dopamin

https://www.netzathleten.de/gesundheit

https://www.welt.de/wissenschaft/article4505535/Denken-benoetigt-weniger-Energie-als-gedacht.html

https://vidagesund.de/wasseranteil/

https://www.med.de/gesundheit/ernaehrung/kohlenhydrate/komplexe-kohlenhydrate.html

https://viamedici.thieme.de/lernmodule/biochemie/nervengewebe+stoffwechsel

https://www.essen-und-trinken.de/eier/80695-rtkl-bausteine-des-lebens-eiweiss

https://de.wikipedia.org/wiki/Aminos%C3%A4uren#Essentielle_Aminos%C3%A4uren

https://www.tz.de/leben/gesundheit/depression-das-meta-1573977.html

https://www.zentrum-der-gesundheit.de/fettsaeuren-ia.html

https://www.medizinpopulaer.at/archiv/bewegung-fitness/details/article/mit-sport-gegen-stress.html

https://www.netzathleten.de/gesundheit/ratgeber-gesundheit/item/1610-stressbewaeltigung-durch-sport-warum-laufen-den-kopf-freimacht

https://www.aerzteblatt.de/archiv/1375/Neue-Erkenntnisse-der-Chronobiologie-Wie-Hormone-Schlaf-und-Stoffwechsel-regulieren

https://www.gesund.at/psyche/autogenes-training/

http://www.aminosaeure.com/aminosaeuren-und-ihre-anwendungsgebiete

https://www.gesundheit.de/krankheiten/gehirn-und-nerven/schlafstoerungen/schlaf-wieviel-schlaf-ist-gesund

Printed by Books on Demand GmbH, Norderstedt / Germany